U0353061

米莱知识宇宙

启航吧知识号

课后全方位

我爱学科学

米莱童书 著/绘

北京理工大学出版社
BEIJING INSTITUTE OF TECHNOLOGY PRESS

图书在版编目（CIP）数据

我爱学科学 / 米莱童书著绘. -- 北京：北京理工
大学出版社, 2025. 1.
(启航吧知识号).
ISBN 978-7-5763-4575-9

Ⅰ. Z228.1

中国国家版本馆CIP数据核字第2024B9G656号

责任编辑：芈　岚　　　文案编辑：芈　岚
责任校对：刘亚男　　　责任印制：王美丽

出版发行 / 北京理工大学出版社有限责任公司
社　　址 / 北京市丰台区四合庄路6号
邮　　编 / 100070
电　　话 / (010)82563891(童书售后服务热线)
网　　址 / http://www.bitpress.com.cn

版 印 次 / 2025年1月第1版第1次印刷
印　　刷 / 雅迪云印（天津）科技有限公司
开　　本 / 710 mm x1000 mm　1/16
印　　张 / 11
字　　数 / 170千字
定　　价 / 38.00元
审 图 号 / GS京（2023）1317号

图书出现印装质量问题，请拨打售后服务热线，负责调换

提起科学，你能想到什么呢？是科学课上那些晦涩难懂的知识？是走在时代前端的尖端武器和超级工程？还是历史上熠熠闪光的科学家们？无论哪种，这些联想都指向一个隐藏的共同点——科学离你很远，与你的生活无关。

真的是这样吗？

现在，让我们来回顾一下你的一天——不，还是一个早晨吧，这足够了——看看有没有新发现。

清晨，你在洒满阳光的卧室醒来，感到神清气爽。别急着下床，你有没有发现，太阳似乎总是从东边升起，从西边落下？你有没有想过，这是为什么？如果你对自然现象的兴趣有限，那你好不好奇，为什么睡觉可以使身体得到休息？在你睡觉的时候，身体里发生了什么？

你走下床，被厨房里传来的香喷喷的味道吸引，原来是妈妈正在做早餐。等等，先暂停一下，把口水咽下去，现在是提问的环节！食物明明在厨房里，为什么你远远就闻到了香味？闻到香味之后，为什么你的嘴巴开始自动流口水？

你坐到了餐桌前，和爸爸妈妈愉快地度过了早餐时间。别以为到这里就结束了，你看看自己和爸爸妈妈的长相，是不是有点像？或者非常像？你难道不好奇吗，为什么你们的长相有相似之处？作为爸爸妈妈的孩子，你是怎么出生的呢？

好了，就先回顾到这里吧，虽然只是一个短暂而又普通的早晨，但你是不是已经发现了无数亟待解决的问题？而这些问题实际上都是与科学有关的！行了，以后可别觉得科学与生活无关了，科直坦坦荡荡地围绕在你身边，只是你没发现而已！

目录

第一章 万能数学 ⋯⋯⋯⋯⋯⋯⋯⋯ 6

Day1 万物皆数 ⋯⋯⋯⋯⋯⋯⋯⋯⋯ 8

Day2 数的大小 ⋯⋯⋯⋯⋯⋯⋯⋯ 14

Day3 数的运算 ⋯⋯⋯⋯⋯⋯⋯⋯ 25

Day4 万物有尺度 ⋯⋯⋯⋯⋯⋯⋯ 29

Day5 几何图形 ⋯⋯⋯⋯⋯⋯⋯⋯ 34

章节小练 ⋯⋯⋯⋯⋯⋯⋯⋯⋯⋯ 40

第二章 物理现象 ⋯⋯⋯⋯⋯⋯⋯⋯ 42

Day1 声音：听见世界 ⋯⋯⋯⋯⋯⋯ 44

Day2 光影魔术师 ⋯⋯⋯⋯⋯⋯⋯ 52

Day3 力拔山兮气盖世 ⋯⋯⋯⋯⋯ 58

Day4 "热"的力量 ⋯⋯⋯⋯⋯⋯⋯ 64

Day5 噼里啪啦的电 ⋯⋯⋯⋯⋯⋯ 70

章节小练 ⋯⋯⋯⋯⋯⋯⋯⋯⋯⋯ 74

第三章 奇妙化学 ································· 76

Day1 看不见的微粒 ······························ 78

Day2 元素的世界 ······························· 82

Day3 像变魔术一样的化学变化 ············· 86

Day4 神奇的溶液 ······························· 96

Day5 酸碱大战 ································· 99

章节小练 ································· 108

第四章 神奇生物 ································· 110

Day1 生命从细胞开始 ························· 112

Day2 千奇百怪的植物 ························· 118

Day3 动物世界 ································· 124

Day4 无处不在的微生物 ····················· 128

Day5 生命的延续 ······························· 134

章节小练 ································· 140

第五章 地理世界 ································· 142

Day1 我们生活的大地——神奇的岩石圈 ········· 144

Day2 我们生活的大地——多彩的地貌 ··········· 150

Day3 生命之源——水 ························· 160

Day4 地球的外衣——大气圈 ················· 164

Day5 各地气候大不同 ················· 166　　**后记** ················· 174

章节小练 ················· 172　　**答案** ················· 174

第一章
万能数学

作为一切科学的基础，数学并不是一个枯燥、无聊的学科，数学其实一直都在我的生活中，当然啦，它也一直都在你的生活中。你想想看，买菜的时候、吃饭的时候、玩游戏的时候，是不是总是在无意识地运用数学知识？其实，数学离我们的生活很近很近，它并不是一个藏在象牙塔里、脱离现实的学科。数学从最开始，就产生于人类的实践活动中。

远古时期的人类依靠狩猎生存，他们需要感知猎物的数量，于是人们根据事物的多少，认识了"数"，而且在先秦典籍中，就有"隶首作数""结绳记事"的记载。无论是丈量土地，还是买进卖出，"数"都大大方便了人们的生产和生活。在仰韶文化时期，人们就开始在彩陶上绘制各种各样的图形，对于美的追求，让最直观的几何知识出现在了生活中。就这样，数学在历史长河中"脱颖而出"。到了秦汉时期，数学进一步发展，算术已经成了一个专门的学科。这一时期，最著名的作品当属成书于东汉初年的《九章算术》。它依旧侧重对数学的实践和应用，总结了许多生产生活中的数学知识，比如它记载了各种粮食之间互换的比率。后来刘徽创造割圆术、祖冲之发现圆周率等，这些中国古代的数学成就都领先于世界。到了现代社会，数学也藏在我们的衣食住行当中，它已经渗透到了人类生活的各个角落。

所以你看，尽管数学是一切自然科学的基础，但是它并没有把自己束之高阁；尽管数学是科技进步的强大引擎，但是它依旧存在于我们的生活之中。数学和无数个数学家们一步一个脚印，慢慢地从日常生活走到前沿科技，耐心地解决了那么多大大小小的问题。

学习数学的旅途，是由简到难的，让我们从丰富而有趣的生活中发现学习数学的乐趣、感悟数学的实用，然后带着这份弥足珍贵的喜爱，走向真正属于你和数学的未来。

Day1
万物皆数

数学家毕达哥拉斯曾说"万物皆数"，世界上的一切都是由"数"构成的。你可能想说，我只看到太阳、树木、汽车就好了，为什么要管它们的数量呢？不管可不行……

狮子会记住自己有多少个同伴，和别的狮群发生冲突的时候，根据感知到的对方数量，决定是撤退还是反抗；小猴子也有这个能力，它们可以感知到哪棵树上果子更多，这样它们才能选择果子更多的那棵树，然后尽情吃大餐。生活中，我们常常也会有意或无意地感受到"数"的存在：春天去公园里玩，你会不会在某一天突然发现，盛开的花朵变多了？吃饭的时候，会不会觉得今天的肉比昨天要多？

所以你看，我们要在意这些"<u>数量</u>"，它们和我们的生活可是息息相关呢。

嗨，我是1，是最常见的一个数。

你知道用什么表示数量吗？没错，就是数字符号。我们现在使用的数字符号叫作阿拉伯数字，它是全球通用的。往前追溯，在几大古文明中，都早早出现了各自用来表示数量的数字符号。

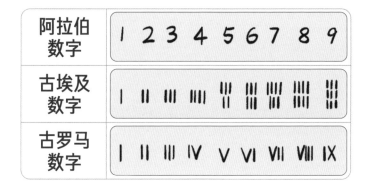

阿拉伯数字	1 2 3 4 5 6 7 8 9
古埃及数字	I II III IIII IIII ꟿ ꟿ ꟿ ꟿ ꟿ ꟿ ꟿ ꟿ ꟿ
古罗马数字	I II III IV V VI VII VIII IX

① 奇妙的数感

"数"在我们生活中无处不在，感知数量是我们应具备的技能，但有些时候，这并不是一件容易的事儿。现在的道路上有自行车、摩托车和汽车，你能一眼看出哪种交通工具数量多，哪种交通工具数量少吗？

我们来**数一数**，自行车一共有 10 辆，摩托车一共有 7 辆，汽车一共有 9 辆，现在你知道哪种交通工具数量最多了吗？你看，我们用三种颜色的圆球来代表这三种交通工具，绿色的球代表自行车，黄色的球代表摩托车，蓝色的球代表汽车。我们把圆球全都放在这些容器里面……啊，你看，自行车的数量是最多的，摩托车的数量是最少的！

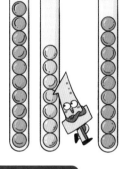

▌主编有话说

数数，是了解数量多少的最直接的办法。在数数时，每个数量都有了自己对应的名字，这就是数字，比如"1"就表示一个，是数数的开端。说到数字，有一个很神奇的事情，就是我们可以用 0~9 这 10 个基本数字组合出所有的数来表示出所有的数量！你知道这是怎么做到的吗？往后看吧！

②古人是这样记数的

结绳记数

现在，我们学会计算只需要一两年，可古人却花费了几千年，甚至上万年的时间。上古时期，人们没有数字的概念，那么需要记数的时候怎么办呢？最初，有人发明了用绳子打结的方式来记数。比如，要记下两个野果，就在一条绳子上打两个结。这种方法，叫作结绳记数。

符号记数

渐渐地，人们需要记的数目越来越大，成百上千，甚至上万，再用结绳和刻木的方式记数可就太费劲儿了。于是，人们想出用特定的符号来表示特定的数字。商朝时期就已经有了一套成型的数字，叫甲骨文数字。

人们用符号来记数，是一个重大的进步。这不仅可以方便人们记更庞大的数目，同时还形成了十进制。这是后来人们记数和计算，乃至数学不断发展的基础。

结绳的方法虽然可以记数，但不方便，打起结来会耗费时间。于是人们又想出了一个办法，用在木头上刻痕的方式来记数。比如，需要记一件东西，就在木头上刻上一道痕，这种方式叫作刻木记数。

刻木记数

摆木棍记数

2000 多年前，我国古人就使用了摆木棍的方法来记数。你可能已经知道了，这种方法就是算筹。用算筹进行记数和计算，叫筹算。

算筹只是一些小木棍，怎么用它们表示不同的数字来进行计算呢？

你玩过火柴棍数字游戏吗？也就是用一根根火柴摆成不同的数字。算筹和火柴棍数字很相似。看，下面就是用算筹摆成的 1~9 这九个数字。

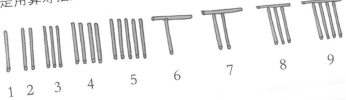

1　2　3　4　5　6　7　8　9

11.11

▶延伸知识

小数怎么读呢?

看到一个小数,你需要先照常读出小数点左边的数,接着读"点",然后再依次说出右边的每个数,比如 1.1 就读作一点一,11.11 就读做十一点一一。

③整数与小数

在数的世界里,我们会最先认识<u>整数</u>,一块豆腐、一杯牛奶、两根香蕉、两个苹果,这里面出现的全都是整数。但整数与整数之间,还藏着许许多多的<u>小数</u>!

1 就是一个整数,2 也是一个整数,它们中间藏着无数个小数,比如 1.1、1.5 等。你发现了吗,这些小数中间都有一个"点",这个点还有一个名字,叫作"小数点"。

小数点把一个小数分成两个部分,左边的是整数部分,右边的是小数部分。只要包含小数部分,这个数就是一个小数。

小数的"数位"

我们把 1 平均分成 10 份，每份就是 0.1，这就是小数点后的第一位——十分位。我们再把 0.1 平均分成 10 份，每份变成了 0.01，这就是小数点后的第二位——百分位。当看到小数时，可以先将整数部分和小数部分分开看。比如"3.5"这个数，我们可以看出它的整数部分是 3，小数部分是 0.5，也就是说这个数由 3 个 1 和 5 个 0.1 组成。

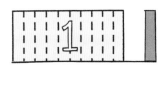

生活中的小数

所以你发现了吗，我们的生活中充满了"数"，无论是整数还是小数，你都可以用到。不信，就和我一起去买一块儿豆腐吧。

豆腐有着很悠久的历史，味美而养生，说它是中华传统美食都不为过。可是你有没有发现，很多人买豆腐的时候，都不是直接买走一整块豆腐，而是要摊主帮忙切一下。这是因为，豆腐这种东西虽然好吃，但是并不耐放，所以大家都是吃多少就买多少。

一块 1 千克的豆腐平均切成两半，就变成两块 0.5 千克的豆腐了。如果把 0.5 千克的豆腐平均切成两半，就可以得到两块 0.25 千克的豆腐。如果你是买主，你会怎么告诉卖豆腐的摊主呢？是一步一步地"指挥"他切豆腐，还是直接告诉他要四分之一块豆腐呢？

Day2 数的大小

昨天我们认识了数，那么现在，我们需要知道数的大小，这样才能更好地在我们的生活中使用它。但是在学习数的大小前，我想问你一个问题，你有没有好奇过，为什么 0 ~ 9 这 10 个数能组合成我们生活中的所有数呢？我们不妨一起去铅笔工厂寻找答案。

① 进位，进位，向前进位！

在这家铅笔工厂里，铅笔正源源不断地从生产线上被生产出来……

一条生产线上一天会生产出这么多根铅笔，要数清它们的数量可不容易。

不过，还是有办法的！

包装车间

在包装车间里，一根根铅笔会被装进盒里，每当放入第十根铅笔的时候，一个纸盒就装满了。因此，1 盒铅笔等于 10 根铅笔。

这就像数数的时候，每数到 10，需要前进到十位。因此，十位上的 1 等于 10。

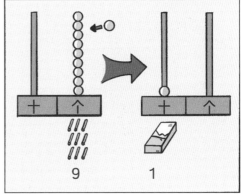

9   1

接着，一盒盒铅笔会被装进袋里，每当放入第十盒的时候，一个纸袋就装满了。因此，1 袋铅笔等于 10 盒铅笔，又等于 100 根铅笔。

这就像数数的时候，每数到 100，需要前进到百位。因此，百位上的 1 等于 100。

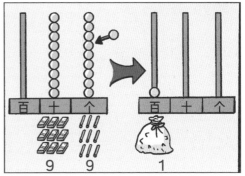

9   9   1

然后，一袋袋铅笔会被装进箱里，每当放入第十袋的时候，一个纸箱就装满了。因此，1 箱铅笔等于 10 袋铅笔，等于 100 盒铅笔，又等于 1 000 根铅笔。

这就像数数的时候，每数到 1 000，需要前进到千位。因此千位上的 1 等于 1 000。

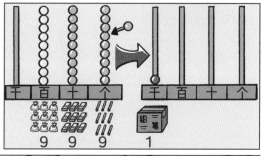

总结一下：千位上的数字代表有多少个 1 000，百位上的数字代表有多少个 100，十位上的数字代表有多少个 10，个位上的数字代表有多少个 1。

这样，总共有多少铅笔就一目了然啦！

②数字比大小

学习了进位之后，再比较大小就会容易很多,不信我们可以一起去面包店里看看吧!

这附近最近新开了两家面包店，我们来看看它们的销量……

在生活中，我们常常需要对数量进行比较，当我们用数字来表示数量之后，可以直接通过数字来比较大小。

比较大小时所用的符号叫作比较符号，包括大于号、小于号和等于号。大于号和小于号中尖尖的一头总是指向较小的数。

下面我们就分别来看看，在这两组数中，哪个数大，哪个数小。

就像在年级顺序上，小学一年级比幼儿园大班更高，初中一年级比小学六年级更高一样。

对于不同位数的数，最小的百位数比最大的十位数更大，而最小的千位数也比最大的百位数更大。

除了进行两两比较，在出现多个数时，我们还可以将这些数按照从大到小或者从小到大的顺序进行排序。

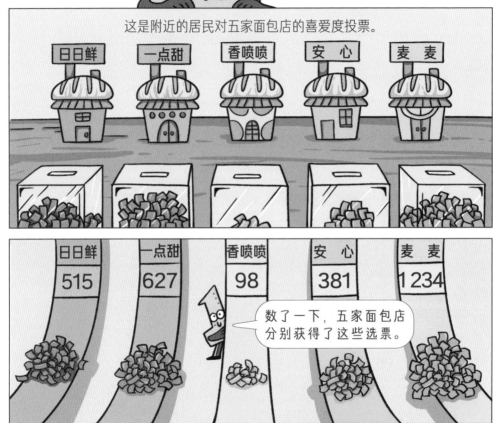

这是附近的居民对五家面包店的喜爱度投票。

日日鲜	一点甜	香喷喷	安 心	麦 麦
515	627	98	381	1 234

数了一下，五家面包店分别获得了这些选票。

我们先把它们放进写有数位的表格中。

面 包 店	千	百	十	个
日 日 鲜		5	1	5
一 点 甜		6	2	7
香 喷 喷			9	8
安 　 心		3	8	1
麦 　 麦	1	2	3	4

面包店	千	百	十	个
麦 麦	1	2	3	4
一 点 甜		6	2	7
日 日 鲜		5	1	5
安 心		3	8	1

面包店	千	百	十	个
麦 麦	1	2	3	4
一 点 甜		6	2	7
日 日 鲜		5	1	5
安 心		3	8	1
香 喷 喷			9	8

山峰名称	高度 / 米
冈仁波齐	6 656
云台山	1 297
贺兰山	3 556
泰山	1 524
珠穆朗玛	8 848
梅里雪山	6 710
长白山	2 691

③小数的大与小

要比较小数的大小，我们需要先比较整数的部分，只要整数部分大，整个数值就会更大。有些数的小数部分看着"很大"，但你要始终记得，小数部分数位所代表的数量很少，最大也不会超过1，所以要先看整数部分，不要被小数部分所干扰。你看，12.1就比8.89要大。

如果整数部分的数一样大就要先比较十分位，如果十分位上的数字不一样，那么数字大的，这个小数就大些。如果十分位上的数字一样，那就依次往后比较，只要一方的数位上出现了更大的数字，这个数就会更大。0.1比0.099大，即使后面的数位延伸也无法改变这一点。

9.29 要比
9.31 小！

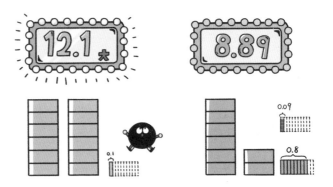

怎么样，比较数的大小是不是也不是很难？要知道，在我们的生活中，你可是随时都要用到这个技能呢。

Day3 数的运算

①为什么需要运算

远古时候，人们以采集和狩猎为生，这样的生活具有很大的不确定性，需要人们对收获的食物做好计数和分配。后来，人们定居下来，开始种植庄稼、饲养家畜，这时人们需要计算清楚土地的面积和家畜的数量，以及收获多少的粮食。在钱币出现后，可以买到各种东西的钱成为人们追逐的对象，算清自己手里有多少钱是一件很重要的事情。随着历史的发展，人们创造出的物质财富不断增加，这个过程中，人们也在进行着越来越复杂的运算……

想想看，在生活中，你是不是也经常需要用到运算呢？去帮妈妈买菜的时候，需要用到运算，这样才不会多花钱；收到压岁钱的时候，也要用到运算，这样才能知道自己手里有多少钱；吃零食的时候，你也会无意地用到运算……你看，运算在我们的生活中有着多么重要的作用啊!

当你学会了比较数的大小之后，新的关卡又出现了——今天，我们来学习数的运算。

我是加。

我是减，是加法的逆运算!

我是乘!

我是除。

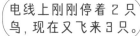
电线上刚刚停着 2 只鸟，现在又飞来 3 只。

这里有 2 只猫，后来这对猫有了 3 只猫宝宝。

这户人家本来有 2 个人，今天家里来了 3 位客人。

②公平的等号

运算中离不开等号，公平的等号不会让它两边的数值变得不一样大……

这些数量关系，都可以用 2 加 3 来表示，我在这两个数的中间，表示将前后的数值加起来。

明明是各不相同的事物，却可以用相同的式子表示出来，这是因为算式可以提取出数量关系。

主编有话说

两个数相加，交换这两个数的位置，和不变，这就是加法交换律。举个例子来说，1+2=2+1。除加法以外，乘法也有交换律，即乘法交换律。也就是说，两个数相乘，交换这两个数的位置，积不变，比如 1×2=2×1。

Day4 万物有尺度

①什么是尺度

在感慨山有多高时，我们会提到山的高度，不同的山有不同的高度，它们在空间上延伸。在感叹时间流逝时，我们需要感知时间的变化，做不同的事情需要不同长短的时间。苹果在树枝上越长越大，越来越沉，也就是苹果的质量在逐渐变大。地球上的每种东西或轻或重，都有自己的质量……

对于同一个事物，我们可以从不同的角度去认识它，每个角度都可以为我们的了解和观察提供有用的信息。你看，这些信息往往由数值和后面的单位所组成，它们构成了我们认识事物的尺度。

大家好，我就是尺度！

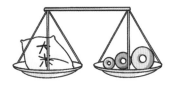

▌主编有话说

世间万物各不相同，而我们一旦把它们的特征提取出来，事物之间就有了共通的地方，我们就可以更好地进行观察和比较，这就是尺度的作用。生活中常见的尺度有长度、高度、质量、时间等，我们也有专门的测量工具，比如直尺、卷尺、天平、钟表等。在我们的生活中，尺度无处不在，你一定可以找到它们的踪影和痕迹。

南瓜　高30厘米　生长时间6个月　质量2千克

长颈鹿　高5米　12岁　质量180千克

石头　高6厘米　形成于9000万年前　质量700克

②寻找生活中的尺度!

尺度存在于这个世界的每个角落，只要你仔细观察，就可以发现它们。现在，把"你"放在这个世界里，一起去感受一下这里的尺度吧!

现在你觉得自己是快还是慢、是大还是小呢?

经过这些比较,可能你不但没有想清楚,反而更加迷糊了。这很正常,而我想要告诉你——大小是相对的。

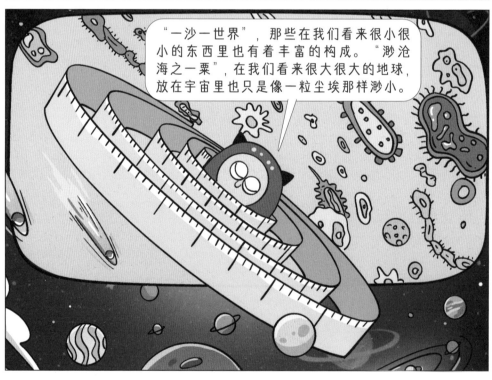

"一沙一世界",那些在我们看来很小很小的东西里也有着丰富的构成。"渺沧海之一粟",在我们看来很大很大的地球,放在宇宙里也只是像一粒尘埃那样渺小。

因此，我们无法单独地判断一个事物是大还是小，我们需要设定标准和参照物，进而才能做出比较。

在这个过程中，单位起到了很大的作用。有了统一的单位作为标准，我们就可以将大小、多少、轻重、快慢等用精确的数值描述出来。

希望测量和单位可以帮助你更好地认识自己，探索世界！咱们生活中见！

Day5 几何图形

①图形感知——与生俱来的能力

使用尺度，可以测量很多东西，最基础的一种就是几何图形。而在数学里，几何图形和数同样重要。

我们身边一直围绕着各种各样的图形，有的图形我们可以叫出它们的名字，有的图形我们可以感知到它们的独特和美丽。其实，对于图形的感知是人与生俱来的能力。人们喜欢富有规律和美感的图形，并通过边、角、面之间的关系来深入研究它们。研究图形的位置关系与数量关系的学科又被称作几何。古希腊的著名哲学家柏拉图相信几何学中蕴含着现实世界潜藏的神圣真理，要求他的学生必须学习几何。他的学生，著名数学家欧几里得编写了《几何原本》一书，推导证明了几何图形间的各种关系，是一部极为伟大的数学著作。

②给平面图形"拍照"

平面图形是平的，没有厚度。照片上、纸上的图形就是平面图形，你在课本上看见的三角形、正方形等，这些都是平面图形。快来和我一起，给平面图形拍个照吧!

由三个角和三条直边组成的平面图形是三角形。三角形也是个大家族，里面有三条边都相等的等边三角形，两条边相等的等腰三角形，还有直角三角形、锐角三角形和钝角三角形呢。

正方形

正方形由四条直边组成，是四边形。正方形四条边的长度都相等、四个角的大小也相等。

长方形

一个四边形，其四个角大小一样，相对的两条边长度相等，这样的四边形是长方形。正方形就是一种特殊的长方形。

圆形

圆形是由弯曲的线条构成的。正中间的点叫圆心，圆心到曲线上每一点的距离都是相等的，这个距离叫作半径。

▶延伸知识

今天来拍照的，还有其他的平面图形。有两组对边分别平行且相等的平行四边形，还有像梯子一样的梯形，还有由五条边组成的五边形、由六条边组成的六边形……原来，平面图形竟然有这么多种呢!

③多样的立体图形

和平面图形不同,立体图形在我们的生活中更加常见,它们可以被摸到、拿到,甚至是可以被吃掉的!

现在各种立体图形都闪亮登场了,请它们分别做一下自我介绍吧!

我的各个面都是正方形,我叫正方体。数一数,我有6个面、12条棱和8个顶点。

生活中的骰子、魔方和一些盒子都是正方体。

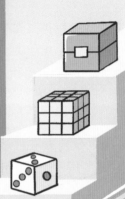

我的各个面都是长方形,我叫长方体。我也有6个面、12条棱和8个顶点。

生活中的长方体实在是太多了,书本、柜子、各种各样的盒子,都是长方体。

看起来大家都
"棱角分明"啊！

我的各个面都是三角形，我叫三棱锥。
我的头看起来是尖尖的，锥就是尖的
意思，名字中的三棱指的是头顶周围
的三条棱。实际上，我有 4 个面、6
条棱和 4 个顶点。

三棱锥形状的东西并不多，好
吃的粽子是三棱锥形的，还有
一些饰品会被设计成三棱锥形。

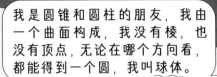

01 数一数，这里面一共有几块白色巧克力？（ ）

A.3 块

B.4 块

C.5 块

02 图里是一个小学合唱队，你看看，是男生多还是女生多？（ ）

A. 男生多

B. 女生多

C. 一样多

03 水面上有 6 只白天鹅，7 只小黄鸭，那么水面上一共有多少只小动物呢？（ ）

A.6

B.7

C.13

04 王奶奶今年 68 岁，比刘奶奶大 3 岁，你算一算，刘奶奶今年多少岁呢？（ ）

A.71

B.63

C.65

05 正方形的所有边长加起来就是它的周长，已知正方形一边的边长是 4 厘米，那么它的周长是多少厘米呢？（ ）

A.16

B.12

C.8

06 数一数，这里一共有几个三角形？（　）

A.1 个

B.2 个

C.3 个

07 比大小：5+4（　）4+5

A. ＞

B. ＜

C. ＝

08 比大小：2.96（　）2.93

A. ＞

B. ＜

C. ＝

09 你看，这个快递盒子是什么图形呢？（　）

A. 长方形

B. 圆柱

C. 长方体

10 有很多人都喜欢踢足球，那足球是什么图形呢？（　）

A. 球体

B. 圆形

C. 圆柱

第二章
物理现象

　　物理学与数学是自然科学的两大支柱，在众多学科之中有着特殊而重要的地位。当今世界，我们的现代文明几乎没有哪个领域不依赖物理学，它也是我们认识世界的基础。从宏观现象到微观世界，从经典物理到宇宙前沿，从波动粒子到神秘黑洞，无论是要追逐恒星的辉光，还是要穿越远古的遗迹，这些都离不开神奇的物理学。

　　物理学的历史，可以追溯到很久很久以前。古代物理学的萌芽，往往和人们的生活与生产有着密切的关联，可以说，那个时候的物理学是为了服务于人的生活。而到了现在，物理学早就已经成为一门精密的科学，声学、力学、热学等一些经典物理学已经构建了比较完整的理论体系，物理帮助我们认识到了世界上的许多规律，将一个更加"完整""准确"的地球呈现在人类的面前。

　　而我们的生活中，也充斥着各种各样的物理现象，有的时候你可以一眼就发现它们，而有的时候，它们已经彻彻底底地融入了所有人的生活中，需要你仔仔细细地去寻找。当你找到它们的时候，你就可以发现，原来严肃的科学原理一直都藏在你身边的有趣话题里。你看，沸腾的水里藏着物态变化；菜刀薄薄的刀刃里藏着压力和压强；而山谷中传来的回声中藏着声音的反射。所以，不管你有没有学过物理，你总是见过许多物理现象的。这些物理现象中涵盖了物理学中的基本知识，你可以在课本中找到它们，但是我们希望能够揭开这些知识的神秘面纱，把它们填充到最有趣、最日常的画面里，把这个充满奇趣的物理世界展现在你的面前。

此外，物理学也是科技发展的基础，没有物理知识的沉淀，我们根本看不到这么多的科技成果。国家对物理学的看重已经不必多说，信息、能源、航天、材料、计算机等，每一个领域和行业都离不开物理学。学好物理学，未来的你就可以在这些领域中施展自己的抱负。无论是想要开发可以在天上飞的汽车，还是想要研究神秘的虫洞，未来总是属于你的，你可以利用物理学做你想要做的事。

愿所有的你们，都能够在这本书中发现物理的乐趣。

Day1
声音：听见世界

① 声音的基础知识

"明月别枝惊鹊，清风半夜鸣蝉。稻花香里说丰年，听取蛙声一片。"

这是辛弃疾的《西江月·夜行黄沙道中》的几句词，短短二十五个字，就把一幅大自然的画卷展开在我们的眼前。而其中的蝉鸣和蛙声，就是我们所"听见"的世界。我们听见的，就是声音，声音是一种物理现象。

你知道声音是怎么发出来的吗？其实，只有振动的物体才能发出声音。风吹过营帐，有帆布振动的声音，人敲动战鼓，是鼓面振动的声音，而蝉能发出声音，也是依靠了它腹肌部的发声器，其就像是一个蒙着鼓面的大鼓，鼓面振动时，蝉就可以发出声音。可以说，振动是物体发声必不可少的条件。

你是不是在好奇，一些没有琴弦的管乐器，像是笛子、箫等，它们是靠哪里振动的呢？其实，在我们看不见的地方，乐器里面也藏着一些"小家伙"呢。当我们向管乐器的吹口中吹气的时候，里面藏着的空气会相互撞击，这样产生的振动让这些乐器发出了声音。

声大侠

▌主编有话说

振动

发声物体在振动的时候，会产生看不见的波纹，也就是声波，声音就是以声波的形式传播的。

▌主编有话说

蝉能发出声音

所有蝉都可以发出声音吗？其实，只有雄蝉才可以发出声音，它们可是蝉里面有名的演奏家啊。

振动的快慢，也会影响声音呢，振动越快，音调就越高；振动越慢，音调就越低。你可以想象一下，男高音的音调就要比男低音的音调要高。不过音调和声音的大小没关系，你看蚊子的声音很小，但是它的音调高；牛的声音大，但是它的音调低。那声音的大小又是什么呢？在物理学中，声音的大小叫作响度。振动的幅度越大，声音的响度就会越大；幅度越小，声音的响度就越小。就像是在海面上，越高的浪花发出的声音越大，越平稳的浪花发出的声音越小一样。

声音还有第三个特质，你看，不同乐器的声音也都不一样，这其实就是音色。材质、结构不同的物体，发出的声音也不同。

▌主编有话说

在物理学中，我们用"频率"来描述物体振动的快慢，频率的单位是"赫兹"（Hz）。

▶延伸知识

声音哪儿都可以去吗？

其实，声音的传播是需要条件的，那个条件就是介质，气体、固体、液体都是可以传播声音的"介质"。如果没有传播介质，就听不到声音了。比如，在没有空气的太空中，到处都是静悄悄的。

②声音的反射现象

声音在传播过程中，如果遇到了障碍物，就会被反射。回声就是声音反射现象的一种。

想要产生回声，需要两个条件：第一是反射面要足够大，第二是声音和反射面之间的距离要合适。

那么什么是反射面呢？阻挡住你的声音的障碍物，并且把你的声音反射回来的，就是反射面。我们对着山崖喊话可以听到回声，这个时候，山崖就是反射面。如果反射面太小，回声就没有足够的能量"飞"回到我们的耳边。不信，你拿起一张纸，冲它喊话，看看能不能听到回声。

同时呢，如果发出声音的物体距离反射面太远，回声在半路上就把能量消耗完了，那我们自然也听不到回声；如果我们距离反射面太近，回声就会和原来的声音重叠在一起，难以分辨。

▶延伸知识

被"偷走"的声音

你知道吗，声音除了会被物体反射外，还能被物体吸收。声音在传播过程中，如果遇到坚硬、光滑的物体，就更容易被反射；如果遇到柔软、褶皱的物体，就更容易被吸收。这就是为什么电影院里，人们用凹凸不平的材料来涂装墙壁，这样就能够防止电影声音太大而损害人的听力了。

太远了，我没有那么大力气……

③听不见的声音

这个世界上的声音千奇百怪，组合成很多奇妙的乐曲，可是，还有一些人类听不见的声音藏在角落里。

还记得我们之前讲过的"赫兹"吗？人的耳朵只能听到 20 ~ 20 000 赫兹的声音。低于 20 赫兹的声音就是次声波，虽然人类听不到这种声音，但是有些动物是可以听到的。

地震的时候，土地和岩石相互碰撞，会发出频率低、能量大的次声波。"听"到了次声波的动物们，就会开始准备逃跑。所以，如果动物们突然同时迁徙，就可能是大地震的前兆！

频率高于 20 000 赫兹的"声音"是超声波，人们同样也听不到它。不过，虽然人类听不到，但它仍然是大自然中常见的声波，蝙蝠就是超声波最著名的"代言人"。蝙蝠常年生活在阴暗的洞穴中，因此它们的视力很差，所以，蝙蝠才进化出了特殊的"导航"技巧——超声波回声定位。

蝙蝠会用口鼻发出超声波，用耳朵接收反射波，然后就可以在大脑中构建一幅立体的环境图像，轻松躲避障碍物。

秘密日记

有人说，雷达的发明就借鉴了蝙蝠利用超声波定位的特性。可是，偷偷告诉你，雷达使用的是电磁波，是由电磁粒子构成的，它和属于机械波的超声波可没有关系。

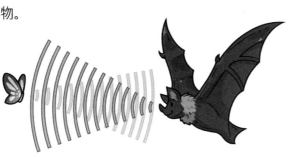

④破案！恐怖的"鬼声"

有个小和尚在寺庙里听到了"鬼声"，声大侠可不相信，快和他一起去"破案"吧！

当一个物体振动发声以后，如果不再对它施加外力，那么它就会进入自由振动状态。如果没有空气阻力，它会以固定的频率一直振动下去，这个振动频率叫作物体的固有频率。

如果编钟每秒钟振动450下，那么它的固有频率就是450赫兹。不过，编钟振动的幅度非常小，很不容易观察到。

如果两个物体拥有相同的固有频率，敲响其中一个物体，另一个物体也会发出声响。

铜钟和磬就有相同的固有频率，所以每当报时的钟声响起时，磬也会一起响。

跟我一起响！

好嘞！

400HZ

这就是共振！

我不是故意吓唬人的……

所以根本没有鬼，是你不懂物理而已！

原来是这样……

中国古代有很多和物理有关的故事，这篇《恐怖的"鬼声"》就改编自《国史异纂》中"曹绍夔捉怪"一节。即使是在科技不发达的古代，人们也已经开始用物理知识来解释生活中发生的各种现象了，因此，中国古代物理学科的发展，和文学、艺术一样，拥有悠久的历史渊源。

Day2
光影魔术师

在物理世界里，光是一个魔术师，光的速度很快很快，一秒钟就能绕地球7圈；而且它还总是沿直线传播，在遇到障碍物的时候，光就会被挡住，然后就会出现我们见到的影子。而光源，就是这一切神奇现象的起点。

光源是什么？

光大侠

光从哪里来，哪里就叫作"光源"。

我是阳光，我住在太阳上，太阳是光源；

月球本身不发光，所以月球不是光源。

我是萤火虫，我也会发光，所以我也是光源；

我住在蜡烛里，蜡烛是光源；

我住在火把中，火把是光源。

台灯和电脑屏幕也是光源哦！

台灯

电脑

来自于大自然的光，叫作自然光源。
人类制造的光，叫作人工光源。

月亮因为反射阳光才会发光，所以光线微弱，也不稳定，不能用来演影戏。

咦，今晚没有影子吗？

可是，人工光源就不一样了，需要的时候，我们就可以点灯、点火，想要多亮就能多亮。

多放点柴，还能再亮一点！

① 光的反射

每个晴朗无云的夜晚，月亮就好像拥有了分身术，天上挂着一轮，河里也藏着一轮。你觉得，我们可以从水里面捞出月亮吗？其实，河里的月亮不是真的月亮，那是水面反射了月光。当光线照射到物体上时，物体就像是变成了一个"小门神"，拦住光线，不让它们进去。打输了的光线就会被赶跑，这就叫作光的反射。

月光照射在平静的水面上，反射出的光线进入了我们的眼睛里。但是，人们的眼睛更习惯看到正前方的物体，所以才会觉得月亮是"藏"在水里的。

当水面平静、没有波浪的时候，整个水面就是一个巨大的镜子，水中的月亮就是月光反射到眼中的影像。

② 光的折射

你听说过"海市蜃楼"吗？它可不是什么神仙岛，而是物体折射在天空中的虚像，就算我们能看见，也摸不着。这也是光这个魔术师在"搞鬼"。

在同一种介质中，光确实是沿着直线传播的。当光从一种介质射入另一种介质时，光的传播方向就会发生改变。这样，光就在传播过程中发生了弯折，这就是光的折射。海市蜃楼就和光的折射有关系。

由于水的特殊性，海水附近的空气湿度偏低，空气密度更大，而远离水面的地方空气温度偏高，空气密度较小。这种疏密不均导致建筑物发出的光线在空气中发生了偏折，"拐弯"进入了人的眼睛。但是由于人眼更习惯从笔直的方向看到物体，所以才会错以为建筑物飘在天上。

③神奇的千里眼

明朝崇祯年间，科学家徐光启第一次尝试使用望远镜观察日食。望远镜就是"千里眼"，你知道吗，这千里眼，可是和物理学中的光有着很大的关系……

双凸透镜

平凸透镜

弯月形凸透镜

凸透镜是一种四周薄、中间厚的镜片。

虽然形态不尽相同，但它们都是凸透镜。

当光线穿透玻璃时，会发生折射。由于凸透镜形态特殊，它会使光线弯曲，让光向中心折射。也就是说，在合适的距离中，凸透镜把大的物体缩小了。

不对，我用"千里眼"看到的东西，明明是被放大过的呀！

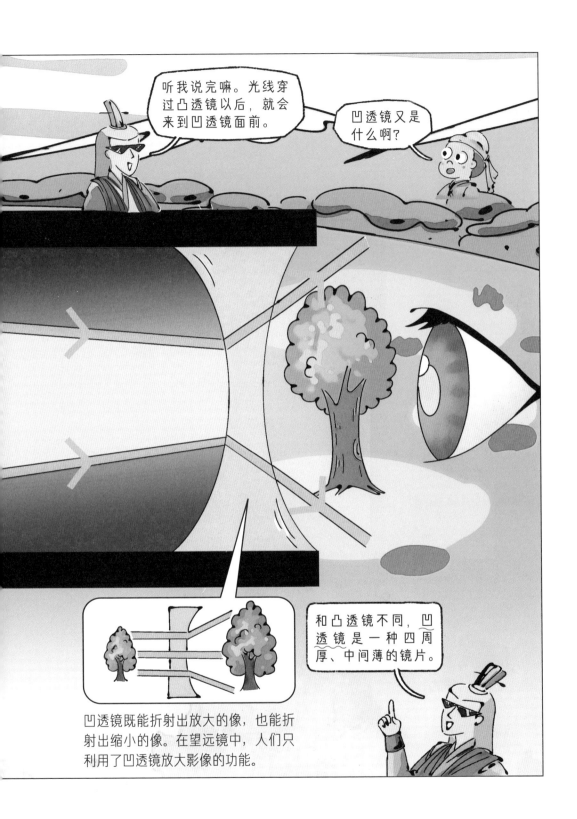

听我说完嘛。光线穿过凸透镜以后，就会来到凹透镜面前。

凹透镜又是什么啊？

和凸透镜不同，凹透镜是一种四周厚、中间薄的镜片。

凹透镜既能折射出放大的像，也能折射出缩小的像。在望远镜中，人们只利用了凹透镜放大影像的功能。

Day3 力拔山兮气盖世

无论是扛麻袋还是捏泥人，都是力在背后帮忙。在物理学中，我们把力解释为"物体对物体的作用"。

①力的作用

在生活中，不管做什么事情，都需要用到力。

力大侠

力有大有小，做不同的事情，需要用到的力也不一样，只有力足够大，才能举起很重的物体。如果你想要移动一个很重的物体，除了要力气大外，还要注意用力的方向。

如果想要让你的力产生效果，就必须找到正确的"作用点"，力作用的位置就叫"作用点"。作用点的位置不同，也会影响力的效果。

敲黑板

用力的物体叫作"施力方"，被移动、变形的物体叫作"受力方"。

如果只抓住鼎的一只足，作用点在一只足上，就会觉得很重。

如果作用点在中央，就会觉得轻松很多啦。

人往后蹬踏板，踏板就把人往前推。

用鸡蛋磕桌子，桌子会把鸡蛋磕碎。

生活中，随处可见作用力和反作用力的身影。

当你一拳打到沙包上时，你就对沙包施加了一个力。可是，打完以后，你会觉得自己的手也有痛感，这是因为沙包也对你施加了同样大小的力。力的作用是相互的。两个人同时做金鸡独立的动作，就相当于一对大小相等、方向相反、作用在同一条直线上的力。这就是作用力和反作用力。

作用力和反作用力总是同时产生、同时消失，并且作用在不同的两个物体上。

火箭向下喷射燃气，自己却被推了起来。

如果燃气突然消失，那么火箭马上就会掉下来。

作用力和反作用力的规律是由英国科学家牛顿总结出来的，这就是大名鼎鼎的牛顿第三定律。

牛顿

牛顿第三定律：相互作用的两个物体之间的作用力和反作用力总是大小相等、方向相反，作用在同一条直线上。

②我们大家都是"力"

我们的生活中有各种各样的"力"，你一定经常见到它们，快来一起看看它们都有谁吧!

由于地球的吸引而使物体受到的力称为"重力"。

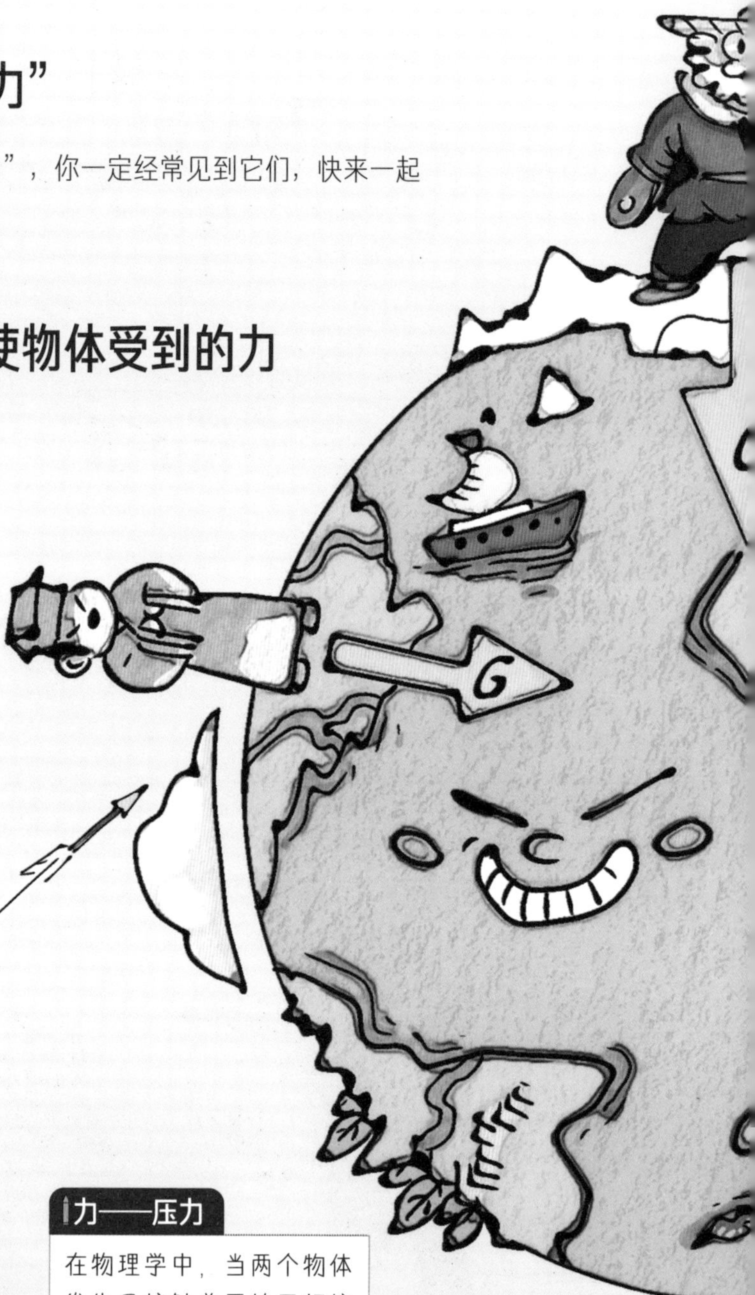

力——弹力

弹力是物体在形变后产生的能够让其恢复原状的力。

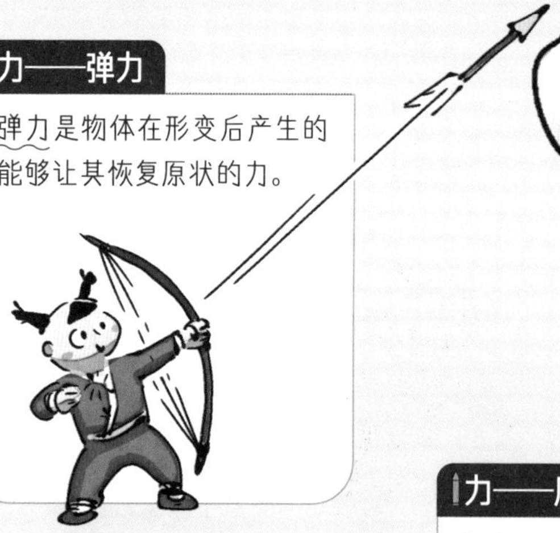

力——压力

在物理学中，当两个物体发生了接触并开始互相挤压时产生的力，就是压力。比如，你站在地面上，就对地面施加了压力。

力——浮力

当物体浮在水中且保持静止不动的时候，浮力的大小就等于物体重力的大小。

浮力，一般指的是物体在液体中受到的竖直向上的力。任何一个物体落入水中，都会受到浮力的作用。

谁掉下来我都托着！

力——摩擦力

摩擦力藏在我们生活中的各个地方。冰面上很光滑，摩擦力很小，所以不管你怎么用力，都没法在冰面上站稳；凹凸不平的马路上，摩擦力就会变大，你推着小车就会觉得很费力。

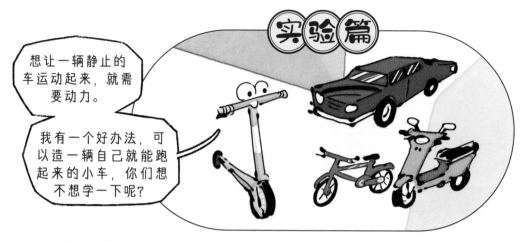

③做个力学小实验

　　"力"不只常见，它还有用，我们一起来做个力学小实验吧，一起造一辆自己能跑的小车！

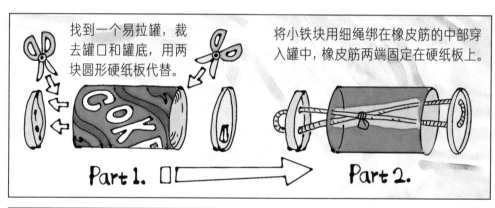

找到一个易拉罐，裁去罐口和罐底，用两块圆形硬纸板代替。

将小铁块用细绳绑在橡皮筋的中部穿入罐中，橡皮筋两端固定在硬纸板上。

Part 1.

Part 2.

转动易拉罐，使橡皮筋拧成一股。
把易拉罐放在地上，发生了什么现象？

Day4
"热"的力量

每当夏天来临的时候，世界就会充斥着满满的热浪，热浪扑面而来，你会不会觉得自己像是冰块一样都要被热化了？其实这就是热量的一种传递，而热量，或者说是"热"，是物理学中一个常见的现象。

由于工厂废气和汽车尾气的排放量大，城市上空被浓浓的烟雾笼罩着，热量很难散发出去，所以一到夏天，生活在城市里的人总会觉得更加闷热。而且，在城市中，无论是马路还是高楼，都是用混凝土等材料建造而成的，它们的比热容低，所以升温非常快。

热岛效应会让人们呼吸困难、心情抑郁，所以很多城市都在城市边缘修建了水库，既能调节城市温度，也能调节人们的心情。因为水的比热容高，在受到同样的阳光照射时，水的温度上升得慢，所以，即便是炎热的夏天，水面上吹过来的风也是凉爽的。

▌主编有话说

比热容

比热容就是物体吸收热量的能力。比如，在质量相等的情况下，如果想把水从 0℃提高到 1℃，需要吸收 4 份热量；如果想把沙子从 0℃提高到 1℃，只需要吸收 1份热量。水需要的热量多，所以水的比热容高；沙子需要的热量少，所以沙子的比热容低。

②大雾来了

悄然而来的大雾遮挡了我们的视线，就像是想要挡住里面藏着的怪兽一样。大雾里面真的有怪兽吗？哈哈，当然没有！其实，大雾的形成可离不开物理学中的"热"……

江面上起雾，这是物态变化的现象。

物态变化是什么怪兽？

物态变化是一种物理现象。

嗯……我没明白。

我们身边的所有事物都是由分子或者原子构成的。气态物体中的分子排列非常自由，分子们想去哪里就去哪里。空气就属于气态。

我们身边的事物，有着不一样的形态。

固态物体中的分子的排列非常整齐、紧密，分子的移动速度非常慢。像石头、土地等，都属于固态。

液态物体中的分子排列比较随意，分子可以用较快的速度移动、扩散。水属于液态。

在外界温度发生变化时，物质会从外界吸收热量或放出热量，发生物态变化。

水的物态变化，是自然界和生活中最常见的。

温度在100℃以上时，水会沸腾成高温水蒸气，非常容易把人烫伤。
不过，水蒸气在任何温度下都存在，所以，即使在寒冷的冬天，空气湿度也不会变为0。

温度在0℃以上、100℃以下时，水呈现出液态。

在标准大气压下，温度会影响物态变化。

温度在0℃左右时，液态的水会冻成固态的冰。

大雾就和水的物态变化现象有关。

水从液态变成气态的过程，叫作"汽化"。江面上方总是聚集着大量从水面蒸发出来的水蒸气。一般情况下，水蒸气是无色、无味、透明的气体，肉眼看不到。

夜间，空气中的温度很低，水分子遇到寒冷的空气，就会给自己穿上"小棉袄"，变成胖胖的小水珠。许许多多的小水珠聚在一起，就变成了大雾。从水蒸气变成水珠的过程，叫作"液化"。

等太阳升起来，空中的小水珠就会再次被汽化成透明的水蒸气，看不到了。

在标准气压下，水在 100℃ 以下，汽化方式就是"蒸发"，水分子会以分子运动的方式向空气中扩散；把水加热到 100℃ 以上的时候，汽化方式就是"沸腾"，100℃ 的高温可以加快水分子向空气中扩散的速度。

主编有话说

对于物态变化现象来说，水的三态（固态、液态、气态）变化最为普遍。古人的文献中有很多描写。例如，《庄子》中提到，"雨"就是"积水上腾"，水汽上升凝结成了雨；《尔雅》中也提到，"地气发，天不应，曰雾"；到了汉代，《论衡·说日篇》中则进一步提到雨、雪、雾都和温度有关。古人对于物态变化的认识，大部分围绕着农业，如"白露""霜降"等节气，都和水的物态变化有关。

Day5 噼里啪啦的 电

①生活中的电

你是不是喜欢看动画片、打计算机游戏？其实，电视、计算机、电冰箱都离不开电。在物理学中，电学也是很重要的一部分。

你知道电是什么吗？电其实是一种自然现象，雷电就是自然界中最常见到的一种电。一部分中国古人把雷电视为上天惩罚人类的手段，并认为"被雷劈"的人一定是穷凶极恶的坏人，中国古代神话也把雷电现象当成是"雷公""电母"两位神仙的法力。这些说法都是民间对于雷电现象的认识不够科学、不够充分的结果。

除了雷电外，你一定也经常见到另外一种电，尤其是秋冬比较干燥的时候。你猜到是什么了吗？没错，那就是静电。静电是一种常见的物理现象，每个人身上都会产生静电，在你梳头发的时候、穿衣服的时候、叠被子的时候，你都可以发现静电。

当然啦，让电灯泡亮起来的是电，让屏幕亮起来的也是电，没了电，就没有我们现在便利的生活。电并不是凭空出现在我们的家里的，它们"乘坐"着电线，到达每个人的家中。电线是用金属制成的"导体"，里面有大量的可以移动的电子。在电压的推动下，它们会迅速排成整齐的队伍向前进发，这支队伍就是电流。电流就像水一样，总是从电压高的地方流向电压低的地方。在每个城市里，都有一座"高压电塔"，不过高压电塔的电压太高了，

主编有话说

静电

世界上所有的东西都是由分子和原子构成的，原子内部包含质子、中子和电子三种微粒。其中，质子和电子身上分别带着"正电荷"和"负电荷"。当两个物体发生摩擦时，电子会被更强大的质子吸引，纷纷投奔过去。这个时候，正电荷和负电荷之间会释放出光和能量，有时还会发出"啪"的响声。这就是静电的来源。

容易损伤电器，所以必须经过变压器调节，才能输送给家庭使用。

电被送到了我们每个人的家中，是我们必须要注意用电安全，才能保护好自己。在日常生活中，触电和火灾是非常容易发生的用电事故。要记得不要用湿抹布擦拭电器，因为水中存在大量自由移动的微粒，是很好的导体，用湿抹布擦拭电器，会导致人体直接触碰高压电流，威胁生命。还要记得每个插座的"负重能力"都是有限的，如果在同一个插座上同时使用很多电器，就会导致许多电流同时出现在插座中，插座不堪重负，就被电流烧坏。

在户外，也要注意远离一切高压带电体，这样才能保证安全。

▶延伸知识
雷电

云层中聚集着冰晶、霰粒等小颗粒，这些小颗粒在云层中相互摩擦，产生了大量的正、负电荷。当云层中的正、负电荷发生放电现象时，就是我们常见的雷电。雷电会释放出巨大的冲击波，还会发出巨大的雷声，所以非常危险。

▼危险藏在哪里?

答案见下页

②可以吃的发电机

你们相不相信，世界上有可以吃的发电机？
跟我一起来看一看吧！

准备三根导线，导线分别连接上镀锌螺丝钉、镀铜螺丝钉和金属夹。

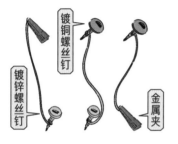

用导线和螺丝钉把橙子连起来。和镀锌螺丝钉连接在一起的导线的一端接在发光二极管短脚，和镀铜螺丝钉连接在一起的导线的一端接在发光二极管长脚。发光二极管就是我们常用的 LED 灯泡，这种灯既明亮又省电，是我们生活中的好帮手。

71 页答案

危险就藏在电灯和插座中，一定要记住不要用湿抹布擦电器、不要让插座过载哦。

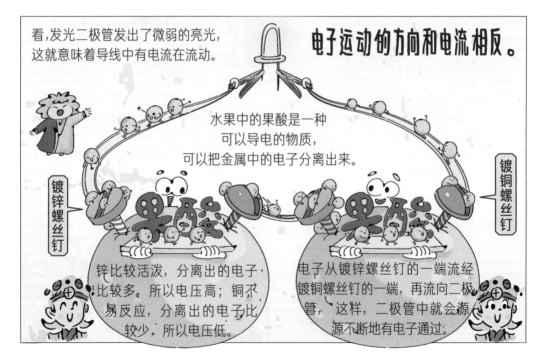

看，发光二极管发出了微弱的亮光，这就意味着导线中有电流在流动。

电子运动的方向和电流相反。

水果中的果酸是一种可以导电的物质，可以把金属中的电子分离出来。

镀锌螺丝钉

镀铜螺丝钉

锌比较活泼，分离出的电子比较多，所以电压高；铜不易反应，分离出的电子比较少，所以电压低。

电子从镀锌螺丝钉的一端流经镀铜螺丝钉的一端，再流向二极管，这样，二极管中就会源源不断地有电子通过。

③发电厂的主力军

虽然水果也能发电，但是水果却不能成为发电厂的"主力军"。发电厂可以发电，依靠的是和电难舍难分的"磁"。19世纪，英国物理学家法拉第发现，当一个完整的闭合电路切割磁铁产生磁场时，就会有微弱的电流产生。发现了这个现象以后，法拉第发明了人类史上的第一台发电机，人类由此进入了电气时代。

▌主编有话说

磁

提到磁，大家最熟悉的应该是磁铁。磁铁是一种特殊的石头，拥有两个磁极，分别是S极和N极，也就是南极和北极。磁铁的同性两极相斥，异性两极相吸。地球就是一个巨大的磁铁，地磁南极位于地球北极附近，地磁北极位于地球南极附近。地磁的南北极形成了一个巨大的磁场，让指南针指向南方和北方。

电流也会产生磁场，电磁场会影响指南针的方向。而且电场和磁场还会互相激发，形成不断向四面八方延伸的波纹，这就是电磁波。消毒用的紫外线是一种电磁波，医院里用的X射线也是一种电磁波，电磁波真是大大方便了我们的生活啊。

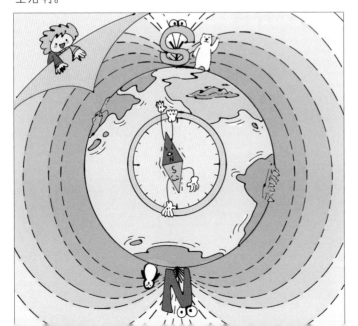

▶延伸知识

闭合电路

如果将导线、用电器等物体连成一个完整的圆圈，就形成了一个闭合电路。

选一选

01 你觉得，是蚊子的音调高还是牛的音调高？（　）

　A. 蚊子

　B. 牛

　C. 一样高

四年级 科学

02 为什么电影院里的墙壁都用那种凹凸不平的材料来涂装呢？（　）

　A. 可以吸收声音，避免观众的听力被损伤

　B. 可以反射声音，避免观众的听力被损伤

四年级 科学

03 大地震前很多小动物都会做出反应，这是因为什么呢？（　）

　A. 因为它们可以听到次声波

　B. 因为它们可以听到超声波

五年级 科学

04 月球反射了太阳光，所以我们可以在晚上看见天上的"发光"的月亮，那月球是光源吗？（　）

　A. 是

　B. 不是

五年级 科学

05 凸透镜四周薄、中间厚，在合适的距离下，它可以把放大的物体（　）。

　A. 缩小

　B. 放大

六年级 科学

06 烧水时，水到最后烧开了会沸腾起来，这是一种什么样的物态变化？（ ）

A. 液化

B. 蒸发

C. 汽化

三年级 科学

07 下面哪个不符合安全用电的要求呢？（ ）

A. 用干抹布擦拭电器

B. 合理使用插座，拒绝过载

C. 在高压线下放风筝

四年级 科学

08 用鸡蛋磕桌子，桌子会把鸡蛋磕碎，这是为什么呢？

09 次声波有伤害人类的"黑历史"，但是人类并没有"放弃"它。
你觉得这样做对不对呢？

填一填

75

第三章
奇妙化学

　　"数理化"，也就是学科中通常被称为理科的三门学科——数学、物理和化学。在学习了数学和物理之后，我们一起来到了化学这一关。提到"化学"两个字，你能想到什么呢？是看不见的分子、原子，还是熊熊燃烧起来的火焰？其实，化学一直都藏在你的身边，每时每刻都在上演着化学世界的一幕幕精彩演出。地球，也是化学的地球。化学，就像是魔术一样，为我们变出了奇妙而美丽的世界。

　　从很久很久以前，人们就已经摸索到了化学的大门。我们的祖先意识到了火的重要性，然后他们学会了使用火，就这样，他们开始了最早的化学实践活动。后来，人们学会了烧制陶器、冶炼金属、酿酒制醋，化学工艺在慢慢地改变着人们的生活。只不过，这个时候并没有系统的化学知识。后来，在对长生不老的追求的驱使下，炼丹家开始了最早的化学实验，他们留下来的经验成就了中国古代四大发明中的火药。但是不管是东方还是西方，人们对化学一直都没有科学和系统的认识，直到近代，法国的拉瓦锡认识并命名了氧气和氢气，人们才终于推开了化学的大门。到了近现代，化学成为一门系统的学科，越来越多的人投身于化学研究之中。

　　作为一门学科，化学是奇妙的，研究着世界里的一切物质变化。化学，其实就是"变化之学"，你会发现化学变化存在于你身边的每个角落：蜡烛燃烧、铁钉生锈、植物的光合作用……一切的一切，都体现了化学的奇妙之处。而这些变化，是有规律可循的，化学的研究把这些规律呈现在我们的面前。科学家将这些规律应用在科学技术和生产领域，制造出许许多多便利着我们生活的东西，比如塑料。你或许不知道，以前，我们的世界中是没有塑料的。1909 年，人们利用化学知识首次合成了人工塑料，然后才有越来越多的塑料制品出现在了我们的生活中，为我们的生活提供了很多便利。化学还通过自身的发展渗透进新材料、新能源等多个领域，为我们的社会、我们的生活创造出更多的可能性。

　　许许多多的化学反应也为我们呈现出美丽的色彩。研究化学的过程，其实就是发现美的过程：你可以观察到奇妙的分子结构，你可以看到放大后的食盐其实是美丽的晶体，你可以看见金属铜在置换金属银时形成的美丽的"树林"，你还可以观察到酸碱中和时颜色的瞬间变化。化学给了我们一双发现美、观察美的眼睛，化学把藏在这个世界角落里的美呈现在我们的面前。

　　化学还很年轻，它还等着越来越多的人去研究、去探索。而化学未来的发展走向，就掌握在你们的手中。

Day1
看不见的微粒

你知道吗，我们的世界是由各种

各样的物质组成的。地球是物质，海洋是物质，

大陆是物质，你住着的房子是物质，就连你自己——

人体本身也是一种物质。

那物质又是由什么构成的呢?

学者们提出一个构想，他们认为物质是由肉眼看不到的微

小粒子构成的。后来，这个构想就被证实了。世界的确

是由微粒构成的，

那么什么是微粒呢?

① 无处不在的分子

不同分子的结构各不相同，有的分子是直线形的，有的是 V 形的，还有呈四面体、八面体状的。

分子是一种微粒，虽然我们的眼睛不能直接看到分子，但是分子无处不在。生活中常见的水，就是由无数的水分子构成的；我们呼吸的空气里，就有许多不同的气体分子。

分子是个小不点，它的体积和质量通常都很小。它有多小呢？一滴水中，有 $1.67×10^{21}$ 个水分子。

如果地球上的每个人都是一个水分子，那么一滴水中的水分子就相当于 200 亿个地球上人的总数呢！

不过分子就像是不安分的小精灵，总是想往外跑。如果你打开一个酒坛的盖子，酒里面的分子就会一窝蜂地往外跑，在空气中四处飘荡，这种现象就叫作扩散。酒分子扩散到空

中之后，想去哪里就去哪里，这就是为什么"酒香不怕巷子深"。而这，其实就是分子的无规则运动。分子不仅可以在空气中扩散，还可以在固体和液体中扩散。而且，温度越高，分子扩散得越快。所以分子的扩散又叫"分子热运动"。

②小小原子，"五脏"俱全

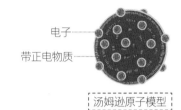

电子

带正电物质

汤姆逊原子模型

人们对原子的了解过程是真正一步一个脚印堆砌出来的，古希腊的原子论一直到 1803 年才被打破——英国科学家道尔顿提出了真正的原子学说。

道尔顿认为，化合物是由两种或两种以上元素的原子组成的，而化学反应就是不同原子的分离、结合和重新组合。

道尔顿提出，原子是不能再被分割的实心小球，不同元素的原子是不同的，并且提出了原子在化学反应中担任的角色。现代化学将原子视为化学变化中的最小微粒就是从这里开始的。

在道尔顿之后的很长时间内，大约将近一个世纪，人们都认为原子无法再分割，幸运的是，1897 年英国科学家汤姆逊在原子内部发现了更小的粒子——电子，并且在此基础上提出了新的原子模型。

汤姆逊提出，原子是由许多带负电的电子和带正电的物质组成的。

汤姆逊认为，虽然原子中既有带正电的部分，也有带负电的部分，但原子作为一个整体，是中性的，所以原子内包含的正电荷数目和负电荷数目是相等的。

约翰·道尔顿

性　　别	男
生 卒 年	1766—1844
国　　籍	英国
主要成就	提出原子学说

约瑟夫·约翰·汤姆逊

性　　别	男
生 卒 年	1856—1940
国　　籍	英国
主要成就	发现电子

电子运转轨道

原子核

电子

玻尔原子模型

但是汤姆逊的学生卢瑟福在 1911 年提出了新的原子模型。他在实验中发现了原子核的存在，原子核就是存在于原子内部的一个又重又小并且带着正电的结构。

卢瑟福提出，原子内部的大部分空间都是空的，只是中央有一个原子核，电子在外围随意地围绕原子核运转，就像行星围绕着太阳转一样。几年后，卢瑟福又发现原子核是由质子和中子组成的。

卢瑟福也认为，电子带负电，原子核带正电。原子核的体积虽然很小，但是很重，几乎等于整个原子的重量。

卢瑟福的理论看起来已经很完善了，但是电子随意地围绕原子核运转却不那么有说服力。因为按照卢瑟福的原子模型运转，高速运转的电子在不停地向外发射能量，最终会因为能量损失而落到原子核上，使整个原子变得很不稳定，但现实中的原子是很稳定的。

1913 年，丹麦科学家玻尔提出了新的原子模型，解决了卢瑟福原子模型的缺陷。

玻尔认为，电子并不是随意运转的，而是沿着一些特定的轨道运转，运转的时候不吸收也不发出能量，但有时会从一个轨道跳跃到另一个轨道上，这时候就会发出或者吸收能量了。

欧内斯特·卢瑟福

性　　别 男
生 卒 年 1871—1937
国　　籍 英国
主 要 成 就 发现原子核和质子

尼尔斯·玻尔

性　　别 男
生 卒 年 1885—1962
国　　籍 丹麦
主 要 成 就 玻尔原子模型

◀延伸知识

你要知道，原子是可以得到或者失去电子的。这个时候，它就会变成带电的粒子，也就是离子。

Day2
元素的世界

元素，或者说化学元素，组成了我们生活的这个世界。

① 什么是元素

元素只有一百多种，可是却能组成宇宙中的一切物质。我们脚踩的土地是由元素组成的，我们时刻都在呼吸着的空气是由元素组成的，连天上东升西落的太阳也是由元素组成的。

不同的物体中，各种元素的含量不同。在地壳中，氧元素含量最高。在空气中，氮元素含量最高。

那么元素到底是什么呢？在化学中，元素就是质子数相同的一类原子的总称。比如氧原子和氧离子，都属于氧元素。

由同一种元素组成的纯净物，就是单质，比如说氢气球里的氢气；由两种或两种以上的元素组成的纯净物叫作化合物，比如我们吃的食盐的主要成分氯化钠。

主编有话说

纯净物由同一种物质组成，像是空气中的氧气、氮气、二氧化碳就是纯净物。但是我们把这些纯净物混合在一起，就会变成有两种或者两种以上物质组成的混合物。

▶延伸知识

一个字母表示的元素符号要大写；两个字母组成的元素符号，首字母大写，第二个字母小写。

元素一般用其拉丁文名称的首字母来表示。如果遇到首字母相同的情况，就加上第二个字母来区分。

元素是个大家族，要想把家族中每一个成员都表示出来可不是一件容易的事。于是科学家们就想出用特定的符号来表示不同的元素。曾经有一个化学家发明了一种图形加字母的形式作为元素符号，可是由于这种方式不方便记忆和书写，后来人们就统一采用元素拉丁文名称的缩写来表示元素。

▶延伸知识

元素符号既表示一种元素，也表示一个原子。如"O"既可以表示氧元素，也可以表示一个氧原子。

氧元素

氧原子

②元素周期表

我们来给元素们排排队吧！仔细看元素周期表，你能发现很多有趣的信息。

黄色的格子里都是金属元素，它们排列在左侧。

蓝色的格子里都是非金属元素，除氢以外，都排列在右侧。

1 H 氢								
3 Li 锂	4 Be 铍							
11 Na 钠	12 Mg 镁							
19 K 钾	20 Ca 钙	21 Sc 钪	22 Ti 钛	23 V 钒	24 Cr 铬	25 Mn 锰	26 Fe 铁	27 C 钴
37 Rb 铷	38 Sr 锶	39 Y 钇	40 Zr 锆	41 Nb 铌	42 Mo 钼	43 Tc 锝	44 Ru 钌	45 R 铑
55 Cs 铯	56 Ba 钡	57_71 La_Lu 镧系	72 Hf 铪	73 Ta 钽	74 W 钨	75 Re 铼	76 Os 锇	77 I 铱
87 Fr 钫	88 Ra 镭	89_103 Ac_Lr 锕系	104 Rf 𬬻*	105 Db 𬭊*	106 Sg 𬭳*	107 Bh 𬭛*	108 Hs 𬭶*	109 N 𫓧

元素周期表可以说是元素的全家福，世界上第一张元素周期表是俄罗斯科学家门捷列夫编成的，那张表里只有60多种元素。后来，通过各国科学家的努力，才有了现在这张包含了100多种元素的元素周期表。

带*号的元素，是人造元素。放射性元素的符号是红色的。

Day3 像变魔术一样的 化学变化

无论是分子还是原子，我们都不能用肉眼看到。那化学世界就只能借助仪器去观察了吗？其实，我们的身边一直都在发生着神奇的化学变化。只要你用心去看，你就可以发现其中的奥妙。

那么什么是化学变化呢？其实，有新物质生成的变化，就是化学变化，又叫化学反应。一般情况下，只要质地和颜色发生了变化，就说明有新物质生成。

化学变化在我们的生活中真的很常见。你在吃东西的时候，体内会发生一系列的化学变化，从而让身体获得营养。植物也会利用太阳光，把水和二氧化碳做成"大餐"。我们还可以利用微生物帮助完成一些神奇的化学变化，比如制作酸奶——在乳酸菌的帮助下，牛奶可以变成酸奶。

② 炼丹的奇特产物

在古代，人们都希望世间有让人吃了就能够长生不老的丹药。所以，很早很早的时候，炼丹家们就开始为了炼制长生不老的丹药而想尽办法。有一种使用硫黄、硝石和木炭炼制丹药的方法，但使用这三种材料炼丹非常危险，一不小心就会发生爆炸。

这是因为硫黄、硝石和木炭粉末混合在一起极易燃

①氧化反应

　　铁生锈是化学变化的一种。生锈的铁变成了红棕色，而且表面也不光滑了，这是因为铁和空气中的水及氧气发生了化学反应，生成了锈，锈就是一种氧化物。

　　像这种物质和氧发生的化学反应有一个专门的名字，叫作**氧化反应**。没有了氧气，氧化反应也不会发生了。氧化反应很常见，做饭时要点燃天然气，天然气的主要成分是甲烷，甲烷需要氧气才能燃烧，燃烧就是一种氧化反应。

敲黑板

燃料在燃烧时发生的反应是氧化反应。
反应过程中释放的热量可以帮助我们烹制食物。

烧，而且燃烧激烈。它们燃烧时就会发生化学变化，产生大量的气体（氮气、二氧化碳）和热量，原来体积很小的固体火药，体积突然膨胀，猛增至原来的几千倍。如果将它们封在密闭的容器或者空间内燃烧，就会发生爆炸。

　　这就是中国古代最原始的火药的由来。

▎主编有话说

易燃是一种物质的**化学性质**，氢气就具有易燃性，它是一种易燃气体。除了易燃外，物质的化学性质还包括腐蚀性、稳定性等。

③元素合体——化合反应

化学反应分为好多种，其中一种就是化合反应。

我们可以通过化学反应把不同的物质组合在一起，变成新的物质。

氢气是易燃气体。

④分身有术——分解反应

和化合反应不同，分解反应可以把一种物质变成两种或两种以上的其他物质。

⑤分子"绑架案"——置换反应

置换反应就是让一种单质和一种化合物发生反应，生成新的单质和新的化合物。在下面的这场"绑架案"里，铁和铜就是单质，硫酸铜和硫酸亚铁就是化合物。

铜被铁置换出来后，蓝色的硫酸铜溶液会变成浅绿色的硫酸亚铁溶液。

⑥一起来跳舞——复分解反应

大家在舞会上交换了一些东西，然后发生了神奇的复分解反应！

Day4 神奇的溶液

你听说过"溶液"这个词吗？液体就是溶液吗？其实，并不是所有的液体都是溶液，比如你经常喝的牛奶，它就不是溶液。

①什么是溶液

溶液是我们生活中的重要组成部分，在我们的身边随处可见。我们家里的苏打水、汽水、酒和醋，都是溶液大家族的成员。因为溶液里面的微粒间的间隔比较大，不会阻碍光线透过，所以溶液大多数是透明的。

溶液是由溶质和溶剂组成的。如果我们要制作一杯盐水，水就是溶剂，加进去的食盐就是溶质。加热、搅拌或者将食盐提前研磨，都可以加速食盐在水中的溶解哦。

牛奶不是溶液，它是溶液的"亲戚"——乳浊液

秘密日记

和溶液比起来，乳浊液里面的粒子分布不是很均匀，而且还不能透光。厨房里常用的洗洁精是一种乳化剂，用它清洗油污的时候，可以把油在水中分散成细小的液滴，形成的乳浊液稳定性增强，这样一来，油污就好冲洗了。

②谁能溶于水？

通常我们把能溶于水的物质称为<u>水溶性物质</u>。哪种
物质能溶于水，一目了然。

| 食盐易溶于水 | 油不溶于水 | 白糖易溶于水 | 铁不溶于水 |

不仅固体可以溶于水，一些气体也可以溶解在水中。
碳酸饮料就是通过把二氧化碳气体加入调配好的糖浆中获
得的。

▶延伸知识

二氧化碳会溶于水，同
时与水发生反应，生成
碳酸。
碳酸受热后，又会变回
二氧化碳和水。

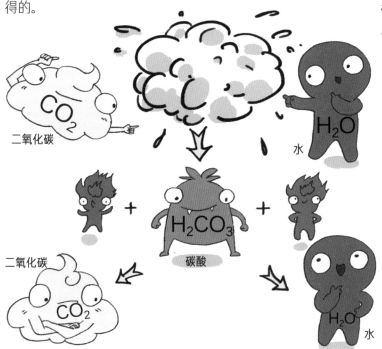

二氧化碳 · 水

二氧化碳 · 碳酸 · 水

③溶液大胃王

什么都吃不下的溶液就是饱和溶液。也就是说，在一定温度下，向一定量的溶剂里加入某种溶质，当溶质不能继续溶解时，所得到的溶液就叫作这种溶质的饱和溶液；还能继续溶解的溶液，叫作这种溶质的不饱和溶液。

找 不 同

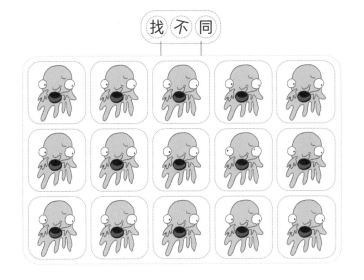

▶延伸知识

溶解度

固体的溶解度表示某固态物质在一定条件下在100克溶剂中达到饱和状态时所溶解的质量。

Day5 酸碱大战

在化学的世界里，有一对老朋友——酸和碱，它们也是一对老对手，让我们来一起看看谁能在运动会里拔得头筹吧。

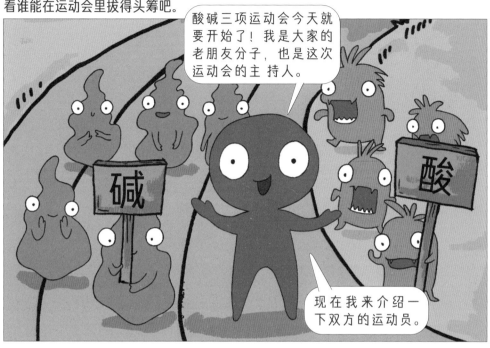

酸容易和某些活泼金属发生反应，生成盐和气体。常见的活泼金属有钙、铁、锌、铝等。
而不活泼的金属，比如金、银、铜，就很难与酸发生反应。

我们可以看到，氢氧化钠已经吸收了全部的二氧化硫。而氯化氢完全做不到呢！

这一回合，碱性队也拿到了一分。

食盐的老家在哪里?

我们可以从超市买到食盐,
可是食盐的"老家"当然不会是超市。
那食盐的老家在哪里呢?

答 要寻找食盐的老家,我们首先要知道食盐本身到底是什么。食盐的主要成分是氯化钠,氯化钠是氯离子和钠离子组成的化合物,氯和钠是两种元素,你可以在元素周期表中找到它们。

氯化钠在自然界中分布很广,海水中就有着大量的氯化钠。在很久很久以前,我们的祖先就开始"煮海制盐"了。海水可以看作是氯化钠的水溶液,"煮海制盐"其实就是通过蒸发溶剂获得溶质的过程,这个时候溶质就会以晶体的状态出现,而这个过程就叫作结晶。在阳光的照射下,海水中的水会不断地化成水蒸气,剩下的氯化钠就结晶出来了。不过这个时候的盐还是原盐,里面还有许多杂质,需要经过进一步加工,才会变成被送进超市里的食盐。

除了海水以外,盐湖、盐井中都有氯化钠的身影。所以,食盐的老家不在超市里,食盐就在神奇的大自然中,而食盐能走进千家万户,靠的就是化学这位能工巧匠。

01 在实验室中，通常会让钠和氯气发生反应而生成氯化钠。这个过程属于什么呢？（　）

A. 物理变化

B. 化学变化

C. 分解反应

六年级 科学

02 化合物是由两种或者两种以上元素组成的物质，它是纯净物的一种，
氯化钠就是一种化合物。那包含着氯化钠的海水是什么呢？（　）

A. 化合物

B. 纯净物

C. 混合物

03 通过蒸发结晶的方式，可以找出海水中的氯化钠。那这个过程属于化学变化吗？

04 中国是世界上海盐产量最大的国家之一，可是随着生态环境被破坏，海水也遭到
了污染，很多人都在担心海盐会不会也被污染。作为未来世界的小主人，我们该
怎么做呢？

五年级 科学

第四章
神奇生物

除了数理化以外，我们在生活中其实还会遇到很多很多的知识，这些知识看起来似乎和科学没有什么关系，可是里面满满当当的全都是科学。第一个我们要看的，就是生物。

生物是什么呢，是养在家里的绿植，还是公园里茂盛的花花草草？是在你脚边蹭来蹭去的小猫小狗，还是在草原上傲视一切的狮子？其实，这些都是生物，可是生物又不只有这些。

生物是一个很"窄"的概念，只有有生命的物体才是生物。而地球区别于太阳系中其他行星的一大特征，就是上面有生命物质。从地球上出现第一个生命开始，一直到现在，经过了几十亿年的发展变迁，地球上的生物经历了几轮灭亡，才形成了如今丰富多彩的生物圈。

可是生物的世界，又是一个很大很大的世界，生物学也是一个庞大的领域。生物学是研究生命现象和生命活动规律的科学，从生命的起源、演化，到生态系统的破坏和保护，这一切都被囊括在生物学的范围中。从人类对生命的探索，到科学家不断拓展生物学的分支，生物学不断发展。你的衣食住行离不开生物学的发展。人类不仅从动植物中获取原材料制作食品、

衣物，也研究着各种微生物给人来带来的利弊，人类的生存和生物学密切相关。现代农业也离不开生物学的发现，你最熟悉的杂交水稻，就是利用了生物学中有关杂交育种的知识。若没有生物学，医疗也不会像现在这样发展迅速，比如青蒿素就利用了生物合成技术。而最为前沿的生物技术的发展更是少不了生物学的助推，无论是基因工程还是细胞工程，它们的发展都离不开生物学的进步。

有人说，21 世纪是生物学的时代。没错，在 21 世纪，生物发现和生物研究呈现出井喷的态势。生物学作为一个学科只有近 300 年的历史，但是它的未来却是不可估量的。无论未来想要投身于医药行业，还是想要做现代农业的领路人，生物学都将是你前进路上的助推器，推着你朝目标前进。

希望你能窥见生物学的奥秘，也希望你能在这广阔的生物学世界里更加了解地球，更加了解生物，也更加了解自己。

Day1 生命从细胞开始

①细胞在哪里?

这个地球很大很大,上面有无数的生命,想要探索生命的奥秘,不妨先从了解细胞开始!

嗨!你好!我叫细胞!虽然我只是个小不点儿,但所有的地球生命都离不开我。

你听说过蓝鲸吗?它们是地球上最大的生物。蓝鲸的平均体重可达180吨,相当于2000多个成年人的体重!

别看蓝鲸那么大,但它和人类一样,都是由小小的细胞组成的!

人类这种由多个细胞构成的生物，被称为多细胞生物。

常见的动植物都是多细胞生物。

一些生物本身就是一个细胞，因此被称为单细胞生物。它们非常微小，要用显微镜才能看清。

这条小河里就有很多肉眼看不见的单细胞生物。

衣藻

草履虫

眼虫

还有一些生物虽然不是细胞，但它们需要依靠细胞才能生活。它们就是病毒。

我就是病毒！

病毒比一般细胞体积小很多，要用实验室里的电子显微镜放大上万倍才能看清。

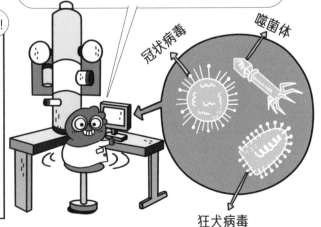

冠状病毒

噬菌体

狂犬病毒

不过也有一些用肉眼就能看见的细胞，打开冰箱就能见到它。

它就是——鸡蛋黄！

鸡蛋黄是一种卵细胞。

你可能见过地球上最大的细胞——鸵鸟蛋黄！

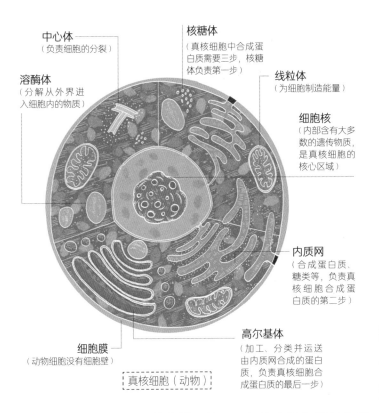

中心体
（负责细胞的分裂）

溶酶体
（分解从外界进
入细胞内的物质）

核糖体
（真核细胞中合成蛋
白质需要三步，核糖
体负责第一步）

线粒体
（为细胞制造能量）

细胞核
（内部含有大多
数的遗传物质，
是真核细胞的
核心区域）

内质网
（合成蛋白质、
糖类等，负责真
核细胞合成蛋
白质的第二步）

高尔基体
（加工、分类并运送
由内质网合成的蛋白
质，负责真核细胞合
成蛋白质的最后一步）

细胞膜
（动物细胞没有细胞壁）

真核细胞（动物）

② 细胞内部
大探秘

我们都知道，细胞小到肉眼看不见，它们就像一个个坚固的小房子，共同"建造"出我们的身体。

那细胞里面又是什么样子的呢？细胞主要包括细胞质、细胞核和细胞膜三部分，但有的细胞没有细胞核，我们可以据此将细胞分为两大类，即原核细胞和真核细胞。

原核细胞没有细胞核，它只有一团拟核，其作用与细胞核相似。原核细胞是组成原核生物的细胞，细菌就是一种原核生物。真核细胞就是含有细胞核的细胞，动植物都是由真核细胞组成的真核生物。不过，植物不用吃饭，动物可一顿都不能少，植物不会饿吗？动物要靠呼吸维持生命，可植物没有鼻孔，难道就不用呼吸吗？其实这些秘密都藏在细胞里。

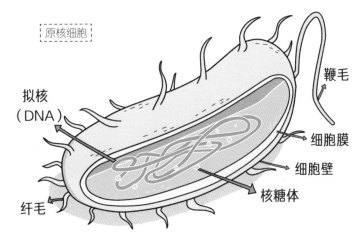

原核细胞

鞭毛

拟核
（DNA）

细胞膜

细胞壁

核糖体

纤毛

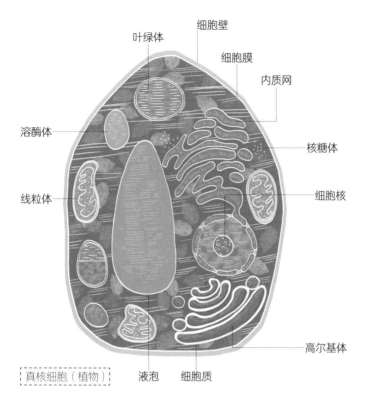

叶绿体
细胞壁
细胞膜
内质网
溶酶体
核糖体
线粒体
细胞核
高尔基体
真核细胞（植物）
液泡
细胞质

你看，植物细胞的外围有一层硬硬的**细胞壁**，它能够固定每个植物细胞的形状，让它们不易变形。植物细胞的内部还有很多叶绿体，植物身上的绿色就来自它们，它们还能够利用阳光生产植物所需的营养物质呢。这就是我们说的**光合作用**。液泡也是植物细胞特有的，可以维持细胞内部干净整洁的环境，比其他的细胞器都要大。

主编有话说

我们日常所能看到的生老病死，其实是细胞生老病死的结果。细胞的一生有出生、成长、繁殖、衰老和死亡五个阶段，看看是不是和生命一样？

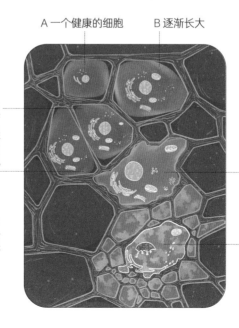

A 一个健康的细胞
B 逐渐长大
D 产生新细胞
C 分裂
E 有时候，细胞会出现故障，导致功能失常
F 最终细胞崩溃、分解成多个碎片而死去

Day2 千奇百怪的植物

地球上大约有 3 000 万种生命，它们千奇百怪，共同组成了多彩的生命世界，植物就占了其中的一大部分。

江水在春天呈现出绿色，是因为绿色的藻类植物在温暖的春天大量繁殖。

蕨类植物叶片的背面布满了这样的褐色突起，里面藏着生命的使者——孢子。

在两、三亿年前，地球上有很多高大的蕨类植物，它们形成了大片的森林。

有些蕨类植物到现在也很高大，比如我身边这棵桫椤（suō luó），它可以长到二层楼那么高，被人们称为"蕨类植物之王"。

植物的果实是植物生长的副产品，它们能帮助植物更好地找到种子的传播者。

蕨类植物的孢子如果没有落在温暖湿润的地方，很快就会死亡。

相比起来，种子的生命力就很顽强，即使落在比较干旱的地方也能维持旺盛的生命力。

如果遇到特别干旱或寒冷的情况，种子还能休眠，等到环境适宜的时候再发芽。

Day3 动物世界

一起去看看动物世界有多精彩吧！

你一定见过许多小动物，像家里可爱的小猫、小狗……自然界中还有很多神奇的动物，我们一起去看看吧！

① 脊椎动物

▶2 号嘉宾·两栖动物

两栖动物幼年时期生活在水中，成年之后能在陆地上活动，青蛙就是最常见的两栖动物。幼年时期的蝌蚪和鱼类很像，有尾巴，也有腮，当它们成为青蛙之后，会长出可以在陆地上呼吸的肺。

▶1 号嘉宾·鱼类

鱼类大多是游泳高手，它们的身体表面通常覆盖着光滑的鳞片，既有保护作用，又能帮它们在水中快速穿梭。鱼类靠摆动尾巴前进，靠鱼鳍控制方向，还用鳃呼吸呢。

▶3 号嘉宾·爬行动物

有的爬行动物的身上有一层鳞片，比如蛇；有的身上长着盾牌一样坚硬的甲，比如乌龟。它们通常以爬行的姿势前进，所以被称为爬行动物。

▶4 号嘉宾·鸟类

鸟类的飞行可没看上去那么简单，为了牵动翅膀完成飞行，鸟类几乎都有强健的胸肌；为了减轻体重，鸟类身上的很多骨头都是空心的，非常轻盈。除此之外，飞行还需要消耗大量的能量，这离不开鸟类的独特的消化系统和呼吸系统。

▶5 号嘉宾·哺乳动物

哺乳动物全都用乳汁哺育后代。几乎所有的哺乳动物都是从妈妈的肚子里生出来的，但是也有例外，比如针鼹和鸭嘴兽就是从蛋里孵化出来的。哺乳动物还有更发达的神经系统，所以它们都很聪明！鲸鱼不是鱼类，是哺乳动物哦！

▶1 号嘉宾·腔肠动物

腔肠动物的形态非常独特，它们看起来更像植物而不是动物，而且腔肠动物都没有肛门。例如水螅、水母和珊瑚虫都是腔肠动物。

②无脊椎动物

▶5 号嘉宾·软体动物

为了保护自己柔软的身体，很多软体动物都有壳，我们经常见到的蜗牛就是陆地上最常见的软体动物。它们的壳是由身体表面的外套膜分泌出的物质形成的，会随着身体的成长而逐渐变大。

▶2 号嘉宾·扁形动物

除了腔肠动物之外，还有一种动物也没有肛门，就是扁形动物。这只生活在小溪中的涡虫就是扁形动物，它们会从口中伸出一个吸管状的咽，捕食水中的小动物。如果用刀把它的身体切成几段，切下来的这几段可以分别长成新的涡虫呢。

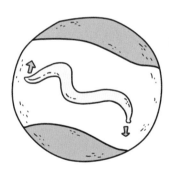

▶3 号嘉宾·线形动物

线形动物的身体像细长的线，一端是口，另一端是肛门。例如寄生在人的小肠中的蛔虫，就是一种线形动物。

▶6 号嘉宾·节肢动物

节肢动物是动物界的大家族，有 10 万种以上，占已知动物种数的 4/5 以上。我们在生活中经常见到的虾、螃蟹、蝴蝶和蜜蜂都是节肢动物，它们都有一节一节的身体。所有的节肢动物都有足。

▶4 号嘉宾·环节动物

蚯蚓看上去和蛔虫有些像，但却不是线形动物，而是环节动物。你仔细看看蚯蚓，就会发现它的身体是由一环一环的节构成的。

青蛙妈妈找不到自己的孩子了，你知道下面哪些动物是它的孩子吗？

③成长"十八变"的神奇动物

你发现了吗，青蛙妈妈的宝宝其实是小蝌蚪。是不是和它长得完全不一样？其实，这就是变态发育——从蝌蚪变成青蛙，发生了很明显的形态变化和生活习性的变化。跟我一起看看青蛙的成长历程吧！

④幼蛙最终会发育为成熟的青蛙。

③蝌蚪逐渐发育成有尾巴的幼蛙。

②受精卵不会直接发育成小青蛙，而是先成为蝌蚪。

①为了保证卵的存活，两栖动物会把卵产在水里。

青蛙主要靠肺呼吸，可以在陆地上活动一段时间，但蝌蚪和幼蛙只能用鳃呼吸，生活在水里。

▶随手小记

变态发育的动物有两种，一种是像青蛙一样的两栖动物，还有一种是我们日常见到的各种昆虫。比如蝴蝶的卵就会发育成肉虫子，然后会变成蛹，蛹外面会包裹一层膜，也就是茧，虫子在茧里重新生长成蝴蝶，破茧而出。

Day4 无处不在的微生物

除了植物和动物以外，还有一种"神秘"的生命，那就是微生物。我们可以在家里发现它们，你看……

青霉和人类有共同点，它们没有叶绿体，无法自己生产食物，人类喜欢的食物，它们也很喜欢。

白色的菌丝会深入食物内部吸收营养，青绿色的孢子成熟后会飘散到空气中。
如果孢子落在其他食物上，很快就会长出一片新的青霉。

真菌并不总是破坏食物，有些真菌还可以为人类提供食物，比如这些蘑菇。

我最喜欢吃蘑菇了。

蘑菇的小伞盖下面藏着它的小宝宝——孢子，这些孢子落在适宜的地方，就会长出新的蘑菇。

这里就有一个新长出来的蘑菇！

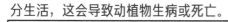

还有一些真菌寄生在动植物身上，依靠吸取它们身体里的养分生活，这会导致动植物生病或死亡。

这只蚂蚁全身僵直、动作奇特，已经被一种寄生真菌控制了，它现在是僵尸蚂蚁，最后会死掉。

真菌？在哪儿呢？

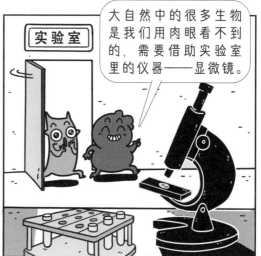

实验室

大自然中的很多生物是我们用肉眼看不到的，需要借助实验室里的仪器——显微镜。

我们肉眼看不到的微小生物叫微生物，大多数细菌、病毒还有刚才提到的真菌都属于微生物，来认识一下我的两位朋友吧！

我是细菌。

我是真菌。

你们除了名字不一样之外，还有什么区别吗？

我有真正的细胞核，我是真核生物。

我没有真正的细胞核，只有一团类似细胞核的拟核，我是原核生物。

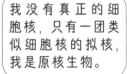

我的种类很多，而且有些能直接用肉眼看到，比如蘑菇、木耳等都是真菌！

我也有很多种类，人们根据不同的外形给我起了各种独特的名字！

弧菌

杆菌

螺旋菌

球菌

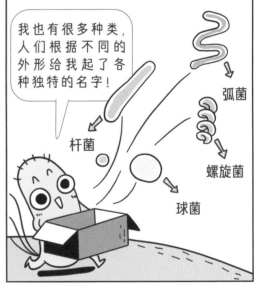

虽然我们的肉眼看不到微生物，但事实上它们无处不在。

病毒是一种结构特别简单的生物，它不是细胞，没有我们熟悉的细胞结构。

最简单的就是最厉害的，我才不需要什么细胞核！

RNA

脂类
双层膜

结构"不完善"的病毒只能寄生在细胞里，靠细胞中的营养物质存活和增殖。

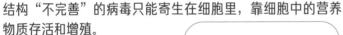

可是你离开细胞根本就活不了！

只能躲在细胞里搞破坏，还骗细胞帮你繁殖后代，算什么好汉！

哼，你们懂什么，我这叫"借鸡生蛋"，只要保证我的寄主一直活着就可以了，这根本就不费吹灰之力！

病毒通过复制自己来增加数量，新病毒会转移到其他细胞中继续复制自己，这往往会给寄主的身体造成很大的伤害。

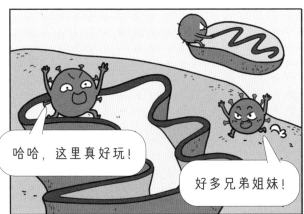

我们是不是应该收敛点儿？万一寄主死了，我们也无处可去了啊！

哈哈，这里真好玩！

好多兄弟姐妹！

急救中心吗？我的朋友病倒了！

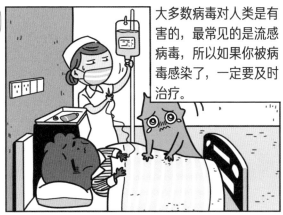

大多数病毒对人类是有害的，最常见的是流感病毒，所以如果你被病毒感染了，一定要及时治疗。

为了应对微生物带来的健康威胁，人们会对那些导致疾病的细菌和病毒进行特殊处理，这样可以让身体记住这些病原体的样子，从而拒绝它们进入细胞，并在他们前来进犯时及时还击，保护身体免遭侵害，这些被处理过的微生物叫作疫苗。

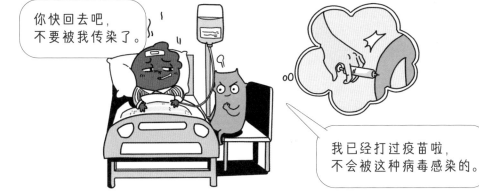

你快回去吧，不要被我传染了。

我已经打过疫苗啦，不会被这种病毒感染的。

Day5 生命的延续

地球有着 46 亿年波澜壮阔的演化史,同样,生物也有着漫长的历史。在这漫长的时间里,一代代的生命正在无声地延续着。而这种延续,也带来了地球的不断繁荣。

花儿不仅漂亮,还是植物重要的生殖器官。

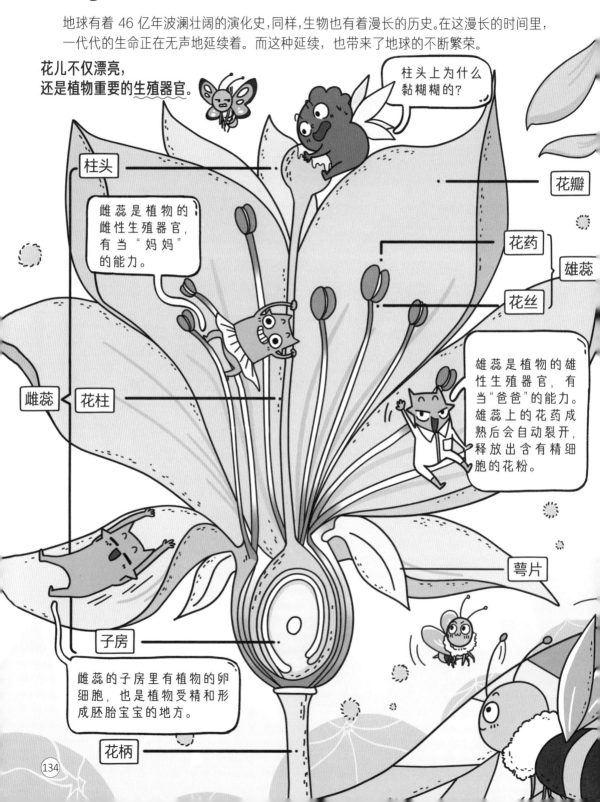

柱头上为什么黏糊糊的?

柱头

雌蕊是植物的雌性生殖器官,有当"妈妈"的能力。

花瓣

花药

雄蕊

花丝

雌蕊是植物的雄性生殖器官,有当"爸爸"的能力。雄蕊上的花药成熟后会自动裂开,释放出含有精细胞的花粉。

雌蕊　花柱

萼片

子房

雌蕊的子房里有植物的卵细胞,也是植物受精和形成胚胎宝宝的地方。

花柄

①植物生命地延续

植物的受精过程大致可以分为四步。

植物受精

第一步 花药裂开，花粉随风飘散。

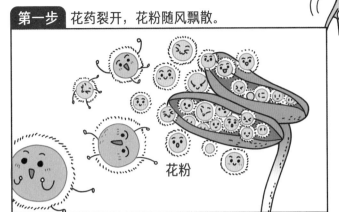

花粉

第二步 花粉落到柱头，在柱头上黏液的刺激下长出花粉管。

花粉管

第三步 花粉管朝向胚珠生长，里面的精细胞也通过花粉管进入胚珠。

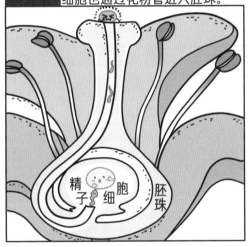

精子细胞 胚珠

第四步 精细胞和胚珠里的卵细胞结合成受精卵。

卵细胞

精细胞

▶随手小记 **花粉没有腿，是怎么跑到柱头上去的呢?**

原来，大自然里的风和昆虫伸出了"援助之手"。花粉很轻，风一吹就飘起来了，于是花粉可以乘着风落在柱头上。而且，花朵有漂亮的颜色和特殊的气味，可以吸引昆虫落在上面。昆虫在花丛中飞来飞去，身上会沾染很多花粉，这样昆虫就会把一部分花粉从一朵花搬运到另一朵花上，帮助植物传播花粉。

② 动物生命的延续

动物的生殖方式比植物还要丰富，先从**有性生殖**说起吧。

动物分为雄性和雌性，平时大家口头上称为"公"和"母"，还有"男"和"女"。以人为参照，雄性就是爸爸，雌性就是妈妈，生殖需要雄性和雌性共同参与。在大自然里，雄性动物为了争夺与雌性动物交配的权利，往往会和其他雄性动物发生争斗，说白了，谁赢了谁就能和雌性动物交配。雄性之间互相争斗，越强壮的动物就能拥有越多的交配权，也就有机会留下更多的后代。那些战败的动物没有交配权，也没有机会留下后代，时间久了就会形成"优胜劣汰"的自然规律。

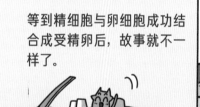

等到精细胞与卵细胞成功结合成受精卵后，故事就不一样了。

交配是为了受精，让雄性的精细胞与雌性的卵细胞结合，形成受精卵，进而发育成完整的动物。一般来说，雄性会产生很多精细胞，但雌性的卵细胞数量有限，而且每个卵细胞只能与一个精细胞结合。

接下来，带你们去见识一下动物各种各样的生殖方式！

胎生

卵生

我就是受精卵!

受精卵的胎生之旅

有一类动物的受精卵会在雌性身体里直接"住下来",并在那里发育成长。一开始,它会在妈妈的身体里旅行,居无定所,这时候要靠自己身体里的卵黄来获取营养。在一个叫"子宫"的宫殿里找到了舒适的位置后,受精卵就会定居下来,这就叫"着床"。对于雌性来说,这时候才算真正怀孕了。之后,受精卵就会逐渐发育成胚胎,最终形成胎儿。最后,胎儿会成长为完整的新生命,通过分娩来到这个世界。这种生殖方式,就叫作胎生。胎生是指受精卵在母亲身体里发育成型之后才出生,可以保证受精卵的安全,提高后代的存活概率。

▌主编有话说

你知道胎儿吃什么吗? 其实,胎儿身上有一条脐带和母体相连,可以通过脐带从母体那里获取营养。所以,怀孕的妈妈一定要好好补身体,因为补的是两人份哦!

神奇的卵生

卵生是在受精卵还没成形的时候就生出来了，也就是直接把受精卵生出来了。

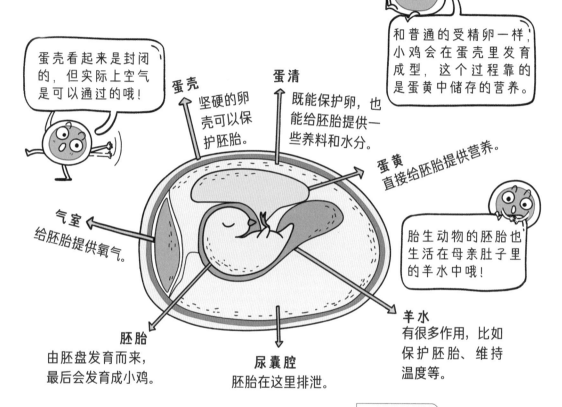

和普通的受精卵一样，小鸡会在蛋壳里发育成型，这个过程靠的是蛋黄中储存的营养。

蛋壳看起来是封闭的，但实际上空气是可以通过的哦！

蛋壳
坚硬的卵壳可以保护胚胎。

蛋清
既能保护卵，也能给胚胎提供一些养料和水分。

蛋黄
直接给胚胎提供营养。

气室
给胚胎提供氧气。

胎生动物的胚胎也生活在母亲肚子里的羊水中哦！

胚胎
由胚盘发育而来，最后会发育成小鸡。

尿囊腔
胚胎在这里排泄。

羊水
有很多作用，比如保护胚胎、维持温度等。

卵生，通俗来说，就是下蛋。你是不是在想，外面的世界很危险，直接把受精卵生下来，它们怎么活下来呢？放心，这些受精卵可不寻常。受精的鸡蛋就是一种受精卵。鸡妈妈会窝在受精后的鸡蛋上，用自己的体温让鸡蛋温暖起来，受精卵在蛋壳中分裂、分化，形成小鸡，最终破壳而出。

> ● **秘密日记**
>
> **我们平时吃的鸡蛋竟然都是小鸡吗？**
>
> 别慌！鸡蛋是鸡的卵，但有的鸡蛋受精了，有的鸡蛋没有受精，只有受精后的鸡蛋才能发育成小鸡。而我们平时吃的，都是没有受精的鸡蛋哦！

更多有趣的
生殖方式

1 有些动物是雌雄同体的，也就是一个动物身上既有雌性的生殖系统，又有雄性的生殖系统。其中有些动物可以自己完成受精，但是有些动物虽然有两套生殖系统，也必须和其他动物交配才行。不过，雌雄同体一般只出现在低等生物身上，越高等的动物，性别的区分就越明显哦。

2 细胞和细菌的后代是直接由母体分裂产生的。

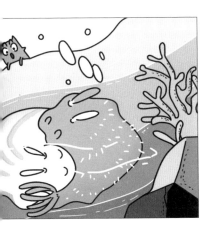

3 水螅是一种水生的无脊椎动物，其生殖方式也很有意思。它们会长出芽体，芽体长大后会自动脱落，成为新的个体。

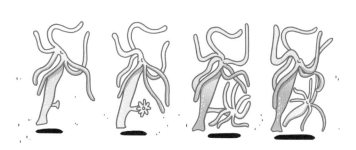

01 人类是单细胞生物，还是多细胞生物呢？（ ）

　　A. 单细胞

　　B. 多细胞

六年级 科学

02 细菌是一种原核生物，没有细胞核，那它体内哪个部分的作用和细胞核类似呢?（ ）

　　A. 拟核

　　B. 核糖体

六年级 科学

03 江水在春天为什么会呈现绿色？（ ）

　　A. 因为江水反射了太阳光

　　B. 因为绿色的藻类植物在春天大量繁殖

一年级 科学

04 鲸也是鱼类吗？（ ）

　　A. 是的，它是鱼类

　　B. 不是，它是哺乳动物

一年级 科学

05 软体动物长大之后，它原来的壳会装不下它吗？（　　）

A. 不会，因为它的壳也会变大

B. 是的，因为它的壳不会变大

一年级 科学

06 受精卵在母亲体内发育成形之后出生，这样的生殖方式是什么呢？（　　）

A. 胎生

B. 卵生

三年级 科学

07 雌雄同体一般出现在什么生物身上呢？（　　）

A. 低等生物

B. 高等生物

六年级 科学

08 虽然我们肉眼看不到微生物，但是它们无处不在。我们要怎么对待这些微生物呢，是把它们当作敌人还是当作朋友？

六年级 科学

第五章
地理世界

学习了生物之后，你是否对身边的生命有了基本的了解？现在，我们把目光放远一些，一起看看生活的这个世界吧！

你一定知道"精卫填海"的故事吧，它出自《山海经》。《山海经》里就记录了许多朴素的地理知识，包括山川、矿物等。中国最早的区域地理著作是《尚书·禹贡》，这本书里把天下分为九州，并详细记载了其中的山脉、河流、土壤、田地、物产、道路。古代中国在方志、沿革地理、自然地理、地图等方面，都有着很高的成就。相关著作中，你最熟悉的，或许是郦道元的《水经注》，或许是徐霞客的《徐霞客游记》，这些书把古代中国的疆域地貌呈现在我们的眼前。到了近现代，地理学蓬勃发展，越来越多的新方法、新技术被运用到了地理学中。

那么，地理到底是什么呢？《汉书》中强调："三光，天文也；山川，地理也。"而东汉的王充在《论衡》中说："天有日月星辰谓之文，地有山川陵谷谓之理。"这么看来，古人认为地理是地球表面的山川、丘陵、陆地、水泽等自然现象，但其实地理的世界要大得多。

地理，是我们认识这个世界最直接的学科，从地球构造、气候气象，到人口资源、环境发展，地理让我们对这个世界有了更深刻的理解；它也是和我们的生活十分贴近的学科，你可以从身边的小树、河流中，发现地理的影子。生命诞生于大地，人们生长于土地，民族栖息于领地，衣食住行离不开对气候与时节变化规律的探索；社会经济活动需要了解资源和环境的地理分布；国家治理需要掌握政治地理和军事地理。

由此可见，无论是安居乐业的百姓，还是"读万卷书，行万里路"的学子，抑或是"融诸子百家学说、集古今中外智慧"的圣贤，甚至是"胸怀天下、文韬武略、治国安邦"的志士英豪，都需要学习先人所积累的地理知识，了解和探究滋养人类的大地的奥秘。"仰以观于天文，俯以察于地理。"现在，大门已经为你打开，只要你往前迈上一步，就可以走进地理世界，在俯仰之间领略这片大地的壮美自然和风土人情。

Day1
我们生活的大地——
神奇的岩石圈

地壳

地幔

地核

大家好，我是地壳，如果把地球比作一颗鸡蛋，我就是蛋壳部分，而地幔和地核可以分别看作蛋清和蛋黄，这样是不是好理解多了？

高耸的山峰，绵延的丘陵，一望无际的高原……这些都呈现在我们的大地上，是地球的一部分。人类也离不开大地，我们在这片土地上工作和生活。那么你知道大地是什么吗？

▌主编有话说

人类是怎么知道地球内部的组成的呢？原来当地震发生时，会产生向四周辐射的弹性波，叫作地震波。人们通过分析地震波得知了地球内部的组成。

其实，它有一个名字，叫作地壳，地壳就是地球内部圈层的一部分。它是由各种固态岩石组成的，大陆地壳比较厚，青藏高原是地球上地壳最厚的地方，最厚处达 70 千米。大洋地壳比较薄，太平洋的马里亚纳群岛东部深海沟是地球上地壳最薄的地方。打个比方，你可以把地球想象成鸡蛋，而地壳就是蛋壳部分啦。

▶延伸知识

地壳可不像蛋壳一样单薄脆弱，它有一层坚硬又厚实的铠甲！到底有多厚实呢？曾经有人向下挖洞来探寻地心的奥秘，最大深度曾达到 1 万多米，但这还不到地球半径的 0.2%。如果把地球看作一个苹果，那么这连苹果皮都没钻透。

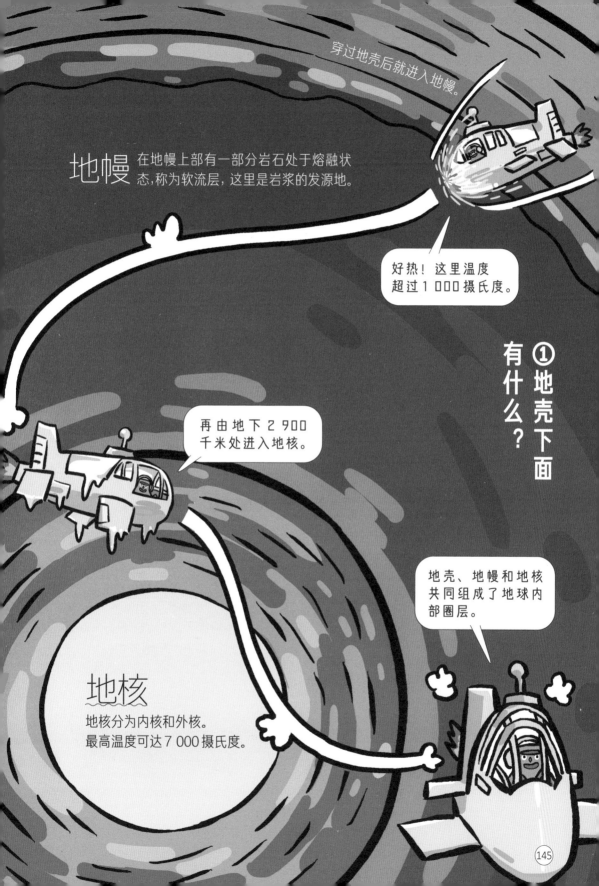

②会 "变身" 的岩石

前面说过，我的整个身体就是由岩石组成的。

它们形态多变，各自有着无法比拟的模样。

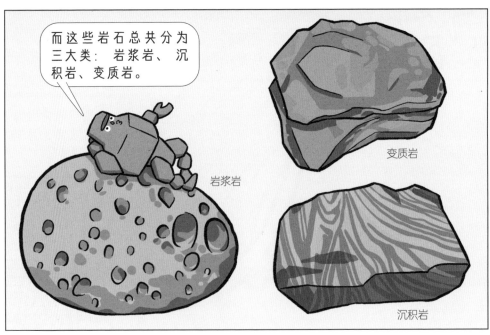

而这些岩石总共分为三大类：岩浆岩、沉积岩、变质岩。

变质岩

岩浆岩

沉积岩

岩浆岩，顾名思义，就是由岩浆冷却凝固而形成的岩石，它主要分成两大类：当岩浆"冲破牢笼"喷发出来时，就会形成满是气孔的外表，玄武岩就是其中的代表；岩浆在地下"气势汹汹"地侵入，然后冷却凝固，我们管这种岩石叫作侵入岩，代表是花岗岩。

沉积岩就是由其他岩石的碎屑和生物的残骸所形成的岩石。沉积岩虽然只占了地壳总面积的5%，但覆盖面积达到了陆地面积的75%，代表岩石包括石灰岩、砂岩、砾岩等。

还有一种很奇怪的岩石，它在地表下，高温或者高压的条件使它变质，转化成另一种岩石，这种岩石就是变质岩。比如石灰岩在高温下变质，就转变成了大理岩。

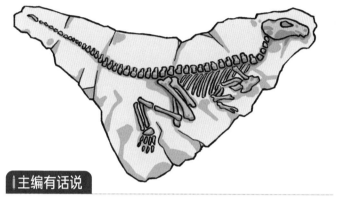

▌主编有话说

生物的残骸经过石化作用保存在沉积岩中，就变成了我们熟知的化石。根据化石，我们可以判断岩石的形成环境和年代。

▶延伸知识

你们知道吗，这三类岩石之间还可以互相变身呢。露出地表的岩浆岩在冰川、流水等的作用下，被破碎成颗粒，这些颗粒又被冰川、流水、大风等搬运，在低洼处沉积，慢慢变成沉积岩。沉积岩和岩浆岩在高温和高压的作用下，会变成变质岩。随着温度和压力的进一步升高，岩石会慢慢破碎、熔化，变成岩浆，在冷却凝固之后，又会变成岩浆岩。岩石间的互相转化就这样循环着。

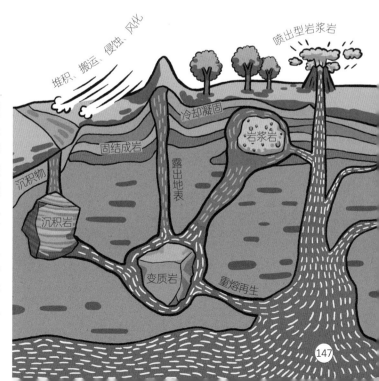

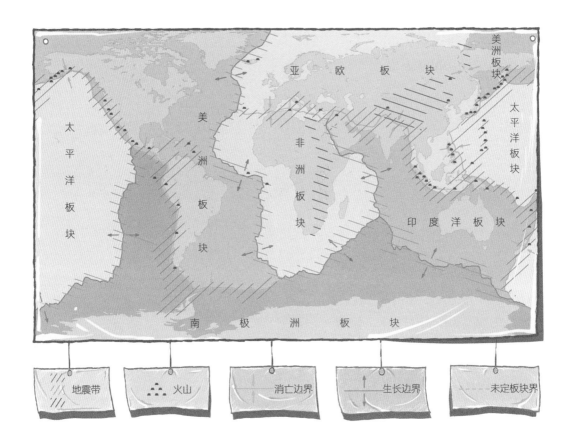

| 地震带 | 火山 | 消亡边界 | 生长边界 | 未定板块界 |

③活跃的板块

板块是由岩石组成的，覆盖在地球的表面。板块构造学说是由多位科学家在1968年联合提出的，这一学说认为，地球上的陆地和海洋（海底）不是一个整体，而是分割成了许多块，我们称之为"板块"。虽然地球上有七大洲和四大洋，但其实只有六个板块，分别是：亚欧板块、非洲板块、美洲板块、太平洋板块、印度洋板块和南极洲板块。

这些板块虽然相互独立，但并不是隔开的，它们的交界处往往容易引发剧烈的地质活动，比如地震和火山，这就是地震和火山主要分布在板块交界处的原因。

板块之间相互碰撞、挤压，就会形成山脉。著名的喜马拉雅山脉就是亚欧板块和印度洋板块碰撞的结果。大洋板块和大陆板块的碰撞，往往会导致大洋板块俯冲到大陆板块下面，所以会在板块交界处形成深深的海沟。世界最低点马里亚纳海沟就是太平洋板块俯冲到亚欧板块下形成的。

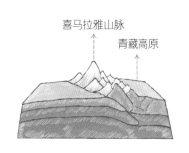

喜马拉雅山脉
青藏高原

　　如果板块之间张裂开来，就会形成巨大的裂谷或海洋。世界上最大的裂谷——东非大裂谷正是因非洲板块和印度洋板块的张裂拉伸而形成的，年轻的海洋大西洋也是由美洲板块、亚欧板块和非洲板块的张裂而形成的。从长期看，板块之间的运动会给地球表面增添更多的山脉和海洋；但是从短期看，板块之间的运动会产生严重的地质活动，或者说地质灾害，比如地震和火山喷发。

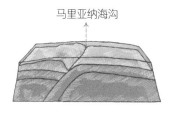

马里亚纳海沟

大陆板块

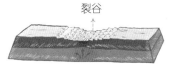

裂谷

海洋

　　无论是板块的碰撞还是张裂，甚至是相互摩擦，都会引起地面震动，对于生活在地面上的我们来说就是地震。

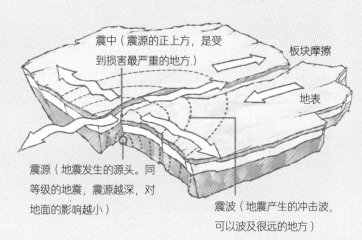

震中（震源的正上方，是受到损害最严重的地方）
板块摩擦
地表
震源（地震发生的源头。同等级的地震，震源越深，对地面的影响越小）
震波（地震产生的冲击波，可以波及很远的地方）

Day2 我们生活的大地
——多彩的地貌

①流水的杰作
——岩溶地貌

你听过"滴水石穿"的故事吧，看似绵软的水，日复一日地滴在坚硬的石头上，可以把石头打穿，甚至消融。这样的故事，在我国的西南地区每天都在上演，已经持续了亿万年。水把那里的山岳、岩石改变成各种奇特的样貌，桂林山水、云南石林、重庆天坑……这些奇特的风景，都是它的杰作。这些奇特的山石洞坑有一个共同的名字——喀斯特地貌，也叫岩溶地貌。

这种地貌得名不过几十年，但最早研究和记录下这种地貌的，是三百多年前明朝的地理学家徐霞客，他著有《徐霞客游记》。

溶洞

在诸多岩溶地貌中，最有趣的要数溶洞。溶洞是地下水长期横向溶蚀岩石形成的地下空间。溶洞有大有小，大的溶洞长度可达几千米，甚至十几千米。

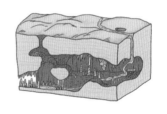

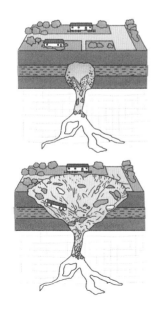

溶洞里的景象千奇百怪，最吸引人的是石钟乳、石笋和石柱。你知道石钟乳和石笋为什么会生长吗？原来，溶有碳酸氢钙的水从洞顶滴下来时，分解形成固体的碳酸钙，碳酸钙从上到下一点点堆积增长，就变成了石钟乳。滴到洞底分解形成的碳酸钙，从下到上一点点堆积增长就变成石笋。石钟乳和石笋的增长速度很慢，一万年时间大约长一米。

虽然溶洞有美妙的风光，但溶洞也会带来麻烦。因为溶洞是在地下形成的空洞，当承受不住上面的压力时，就会发生坍塌。所以，研究溶洞地貌，能够为人们在溶洞地区施工提供依据，并且制定出对应的预防措施。

你知道庞贝古城吗？它曾经是意大利第二大城市，商贸发达，风景秀丽，那里还有阿波罗神庙和斗兽场。但是公元79年，附近的维苏威火山突然爆发，火山灰、碎石和泥浆淹没了整个庞贝古城，这座繁华的城市在18个小时内彻底消失了。

②大力出奇迹
——内力作用

主编有话说

世界上许多名山都是火山喷发形成的，比如中国著名的长白山天池。三百年前火山喷发，逐渐沉陷形成了现在的天池。它还有个浪漫的名字——"天使的眼泪落人间"。而喷发出来的熔岩物质则堆积在火山口周围，形成了屹立在四周的16座山峰。

这么多千奇百怪的地貌，要归功于地质作用，地质作用分为内力作用和外力作用，内外力的共同作用才成就了多变的地貌。

内力作用包括岩浆活动、地壳运动和变质作用。

一提到岩浆，大家一定会想到火山喷发。火山喷发会给人类带来致命威胁，火山灰会造成飞行事故、空气污染，甚至会淹没农田、聚落。不过岩浆活动有时也会给人类带来一些好处，比如火山灰会使土壤变得肥沃。海底火山喷发有可能会形成岛屿，增加陆地面积，夏威夷群岛就是由地壳断裂处喷发出的岩浆形成的。

缓慢运动着的地壳

地壳运动又称作"构造运动"，我们在大自然中看到的岩石呈弯曲状，这就是地壳不断运动的结果。地壳运动一般分为水平运动和垂直运动。

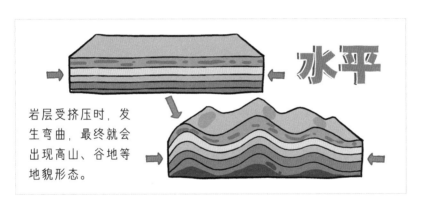

水平

岩层受挤压时，发生弯曲，最终就会出现高山、谷地等地貌形态。

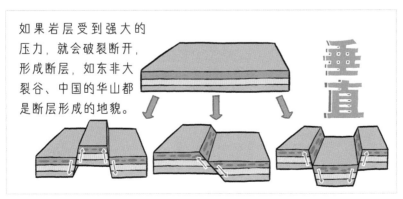

垂直

如果岩层受到强大的压力，就会破裂断开，形成断层，如东非大裂谷、中国的华山都是断层形成的地貌。

③精雕细琢的艺术
——外力作用

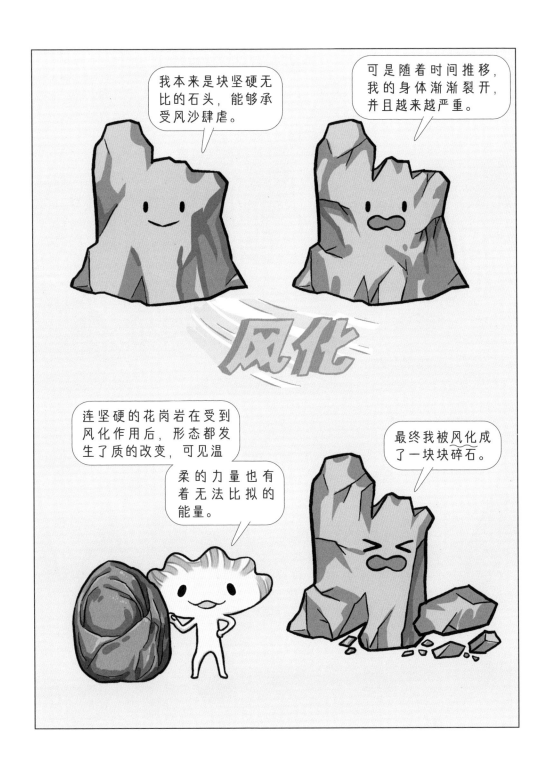

喀斯特地貌主要位于中国的南方，北方也有属于自己的典型地貌。

咦，这里的石头怎么奇形怪状的，好壮观啊！

这里是新疆的著名景点——魔鬼城，大家可不要被这个名字吓到，其实是因为这里长期被风沙侵蚀，从而形成奇怪的巨石阵，也叫作雅丹地貌。

见过冰川的人都
知道，在冰川下面往
往有一大片石海。这些石头是
由运动着的冰川慢慢搬运而来的。

嗨，你们好！
我是一个小水滴。

Day3
生命之源
——水

你知道为什么很多人说地球是蓝色星球吗？其实，地球表面积的百分之七十以上都被海水覆盖，因此从太空看，地球就是一颗蓝的星球。而海水，其实是地球水体的一部分。

生命起源于水，生物的生存也离不开水，因此水分布在地球上的各个地方。在整个地球水体中，海水占 96.5%；冰川水、湖泊水、生物及大气水等组成了剩余的 3.5%，也就是我们通常所说的淡水资源。淡水的主要组成是冰川，占淡水的 69% 呢！

还记得上次在北冰洋，我因为太冷而凝结成了冰。

告诉你们一个秘密，我可是会变身的！

还有一次，我躺在海面上晒太阳，然后就变成了气体，飘在了天空中。

当气温低于零摄氏度时，我们会变成小冰晶。

水滴和冰晶聚集在一起就形成了美丽的云朵，是不是很神奇？当小水滴或小冰晶多到空气托不住的时候，就会从云中落下来，形成雨或者雪。

这就是我的三次"变身"，这个过程被称为水循环。

我在陆地上被蒸发到大气中，又随着降水回到陆地上的这个过程，属于水循环中的"内陆循环"。

我在海上的这一系列变化过程被称为海上内循环。

这个过程属于水循环中的"海陆间循环"，我在这一过程中从咸水变成了淡水，然后以降水的方式给流向海洋的河、湖的水提供了源源不断的补充。

"小鸭舰队"的环球之旅

1992 年，一艘载有 29 000 只玩具鸭的货船离开中国，在太平洋遭遇风暴。这些掉落海中的玩具鸭组成"小鸭舰队"，开始了它们的"环球之旅"。

"小鸭舰队"是怎么旅行的呢？

其实，"小鸭舰队"能够自己旅行，依靠的是洋流。洋流是指海洋表层的海水沿着一定方向，常年大规模、稳定而有规律的运动。"小鸭舰队"受洋流影响，渐渐分成两拨，一拨南下途经印度尼西亚、澳大利亚、南美洲，另一拨"挥师北上"，经过北冰洋，进入大西洋，抵达英国。

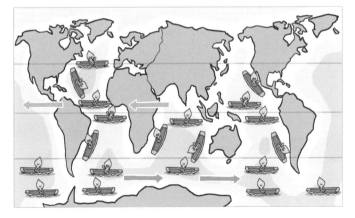

在赤道附近海域，洋流大多自东向西运动，中纬度海域则正好相反，多是自西向东运动。在陆地附近，洋流则大致呈现为南北方向的运动，所以洋流运动看起来就像是在转圈圈。

暖流所到地区会增加当地的温度和湿度。比如欧洲西部临海地区受北大西洋暖流的影响，全年温和湿润。

寒流所到地区会降低当地的温度和湿度。比如加拉帕戈斯群岛，它虽然位于赤道附近，但受秘鲁寒流影响，这里常年天气凉爽，岛上奇花异草荟萃、珍禽异兽云集，有"生物进化活博物馆"之称。据说达尔文曾经来过这里考察，他后来提出了著名的生物进化论。

▶延伸知识

大部分海域的洋流运动方向是常年不变的，但是在北印度洋海域，存在一种特殊情况。北印度洋海域的风向会随着季节变化而变化，夏季盛行西南季风，洋流顺时针运动；冬季盛行东北季风，洋流逆时针运动。遵循这一规律的洋流，叫作季风洋流。

世界四大渔场

寒暖流相遇的时候，海水搅动会导致海洋深处的营养物质被送到表层，形成天然的渔场。

秘鲁渔场

纽芬兰渔场

北海渔场

北海道渔场

Day4 地球的外衣—大气圈

　　我们所在的大气圈、生物圈、水圈组成了地球的外部圈层，大气层作为地球的外衣，对地球上的生命有着非常重要的意义。这可不是普通的外衣，是厚实的"大棉袄"！这件"大棉袄"足足有三层呢，分别是高层大气、平流层和对流层。地球上的生命大多生活在对流层中，而飞机大多时候在平流层中飞行，这样可以增加飞机飞行的稳定度。你要问我是谁，嘿嘿，我是你看不见的气体分子哦，虽然你看不见我，但是我一直都生活在你的周围。

　　我们大气家族是很厉害的：氧气是维持生命活动必需的物质，二氧化碳是植物进行光合作用的原料，臭氧能吸收大量太阳辐射中的紫外线，保护地球上的生命免受过量紫外线的伤害……嘿嘿，你看，没了我们地球上会失去很多光彩哦。

主编有话说

大气并不是静止不动的，它也一直在运动，这就是大气运动。<u>大气运动</u>是指不同地区、不同高度之间的大气进行热量、水分的互相交换，并以此形成各种天气现象和天气变化的总称。其中，最简单的形式就是<u>热力环流</u>，它是由于地面冷热不均而形成的空气环流。由于大气中的热力环流造成了同一高度的不同压力，空气会由高压区流向低压区，这一大气运动就叫作风。

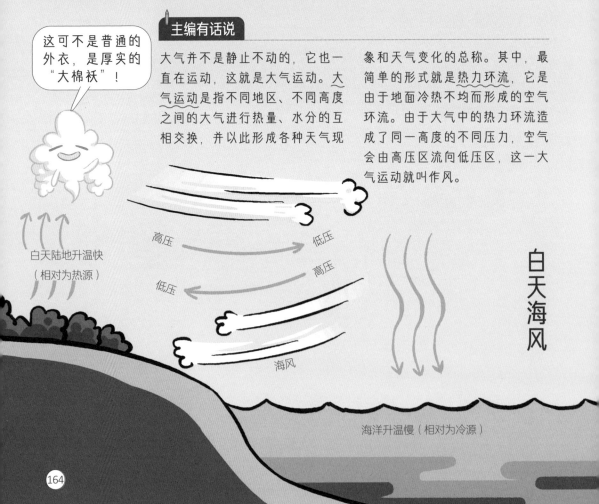

这可不是普通的外衣，是厚实的"大棉袄"！

白天陆地升温快（相对为热源）

高压　　　　　低压

低压　　　　　高压

海风

白天海风

海洋升温慢（相对为冷源）

① 大气的作用

大气层是地球的一件外衣，它可不是虚无缥缈的，它一直都在努力地保护着地球。我们每天看到的、感受到的太阳光，其实是已经被削弱了的。真正的太阳辐射会伤害到地球生物，对我们很不友好。所以，大气层保护了我们，它可以吸收、反射和散射太阳辐射，这就是大气削弱作用。大气削弱作用使能够到达地面的太阳辐射大大减少，保护了地球上的生物们。同时，大气也是有选择的呢，它会先"逮住"波长较短的蓝色光波，并把蓝色光波散射出去，就形成了我们看到的蓝天。

我们说大气是地球的"大棉袄"，大棉袄最重要的作用就是保暖，大气也一样具有保温作用，它会反射地面向外辐射的热量，让绝大部分热量再次回到地面。不过，在大气不那么密集的区域，保温作用就没有那么强了，这就是西北地区早晚温差比较大的原因。

② 天气、气候有不同

很多人都搞不清天气和气候的区别，总认为它们是一回事。No，no！

你一定听说过天气预报吧，它会预报未来的天气，包括温度、风速、风向、云的类型、雨、冰雹、雪、霜等。天气往往是多变的。

而气候是一个地区多年的天气平均状况，和多变的天气相比，一个地区的气候状况是相对稳定的。我们通常会用一个地区各月气温和年降水量平均值来表示气候状况。距海近的地方，冬夏温差小，降水多，这样就形成了海洋性气候。而内陆地区冬夏温差大，全年降水少，气候干燥，像中国西北地区的温带大陆性气候就是这样的。

Day5 各地气候大不同

世界各地建筑、交通方式、风土人情等或多或少都受到气候的影响。

云南傣家竹楼

福建土楼

蒙古包

北京四合院

陕西窑洞

长年严寒的北极地区住着一群特殊的人，他们练就了用冰雪造房子的本领。

其实它的保暖方式跟我们晚上盖被子是一个原理，即把我们身上散出的热量保持在一个相对密闭的空间里。

这样不光保温，还可以抵御风寒，是不是很神奇？

你猜明天是什么天气?

我猜是晴天!

以礼貌著称的英国人,一见面先开始谈论天气,你知道是为什么吗?

因为英国属于温带海洋性气候,一年中多半时间都阴雨密布。

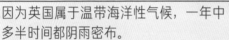
伯明翰

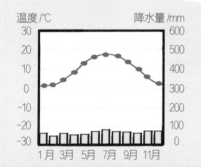
温度 /℃   降水量 /mm
30   600
20   500
10   400
0   300
-10   200
-20   100
-30   0
1月 3月 5月 7月 9月 11月

寒带气候
北极圈
温带海洋性气候
高原山地气候
地中海气候

英国天气非常多变,时而艳阳高照,时而乌云密布甚至大雨倾盆,因此英国人出门都要带雨伞!

要下雪啦，全国戒备！

天不怕地不怕的英国人，唯独害怕下雪。

虽然英国常年阴雨连绵，但温带海洋性气候让这里基本都是温和湿润的天气，风雪天气在这里不太多见。

英国很多地方一到降雪天气几乎停止一切运营，超市、车站也会短暂关闭，很多人甚至开始囤积食物。

你大概想象不到，气候还能保护人类的文化遗产！

是不是觉得气候很神奇？还有更神奇的地方哦！

文化遗产

天呐！太让人震撼了！

中国的敦煌莫高窟，是世界上现存规模最大、内容最丰富的佛教艺术圣地，尤其是洞中的壁画堪称世界艺术的奇迹，至今仍保存完好。

莫高窟之所以历经数千年而保存完好，除了后人的悉心呵护，也跟当地的气候有直接关系。

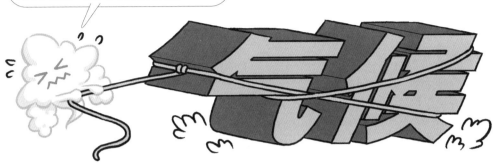

10月1日 周日 农历八月十二
实时空气质量 优

敦煌地区降水少，空气湿度小，对壁画的损害也较小。

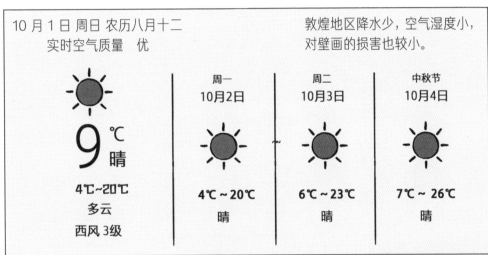

	周一 10月2日	周二 10月3日	中秋节 10月4日
9℃ 晴 4℃~20℃ 多云 西风3级	☀ 4℃~20℃ 晴	☀ 6℃~23℃ 晴	☀ 7℃~26℃ 晴

莫高窟数千年的文化遗产得以完整保存至今，干旱气候可是立了很大的功劳。

此外，在崖壁上开凿的方式，还可以很好地保持壁画的恒湿。

01 如果地球变成了一个鸡蛋，那么地壳就会变成蛋壳，那地核会变成什么呢？（　）

A. 蛋黄

B. 蛋白

C. 小鸡

四年级 科学

02 扁扁今天和爸爸妈妈一起去爬山，他们在山上捡到了一块化石，猜猜看，这座山最可能是由什么岩石构成的呢？（　）

A. 变质岩

B. 岩浆岩

C. 沉积岩

四年级 科学

03 遇到地震时，下列哪种做法是错误的？（　）

A. 住在高层的居民，应该立刻乘坐电梯下楼

B. 如果你在家里，无法迅速下楼时，应该选择在厕所等小开间里躲避

C. 如果在室外，一定不要在树下躲避

五年级 科学

04 流水可以把山岳、岩石改变成各种奇特的样貌，这就是岩溶地貌，我国最有名的岩溶地貌当属桂林山水了。你知道岩溶地貌又叫什么吗？（　）

A. 喀斯特地貌

B. 流水地貌

C. 火山地貌

五年级 科学

05 如果"小鸭舰队"在赤道附近的海域里旅行，那么它们的旅行方向最有可能是哪种呢？（　）

A. 由西向东

B. 由东向西

C. 静止不动

06 你知道, 地球一直都披着一件"外衣", 这是件厚实的"大棉袄"。这件"大棉袄"一共有几层呢? ( )

A.1 层

B.2 层

C.3 层

五年级 科学

07 大气削弱作用使能够到达地面的太阳辐射大大减少, 保护了地球上的生物们。不过大气可是很讲究顺序的, 以你对它的了解, 它会最先"逮住"什么颜色的光波呢? ( )

A. 红色

B. 蓝色

C. 黄色

五年级 科学

08 北极地区的人们为什么用冰雪造房子呢? ( )

A. 他们不喜欢木头房子

B. 冰雪是最方便的建筑材料, 可以就地取材

C. 他们不怕冷

五年级 科学

09 水并不是取之不尽用之不竭的, 那么每个人少喝一点水, 就可以节约用水了吗?

五年级 科学

后记

读完了一整本书，相信你一定对科学有了最基础的认识，现在你知道科学是什么了吗？其实科学一直都在我们身边，它们一直都在等着你去发现。无论是看似抽象的数学、物理和化学，还是大家都很熟悉的生物和地理，这些知识已经在我们的生活中发挥着不可磨灭的作用。而你通过了这一层层的闯关，已经具备了闯荡科学世界的武器，未来还有更多的关卡等着你，相信你一定可以走到你想要到达的那一步！

答案

第一章 万能数学

1.C 2.B 3.C 4.C 5.A
6.C 7.C 8.A 9.C 10.A

第二章 物理现象

1.A 2.A 3.A 4.B 5.A 6.C 7.C

8. 参考答案：因为力的作用是相互的，鸡蛋给了桌子一个力，桌子反过来会把这个力还给鸡蛋，可是鸡蛋不如桌子那么坚硬，所以它就被磕碎了。

9. 参考答案：我觉得，科学家做出来的这些努力，是正确的，也是能帮助人类的。尽管有些次声波会对人类造成危害，但是我们的生活中处处都有次声波。既然我们不可能把它消灭掉，我们就应该换一个思路，尽最大的努力去研究它，找出它能够创造价值的领域。

第三章 奇妙化学

P98 找不同答案

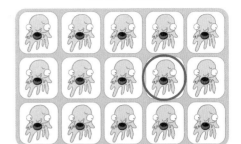

1.B

2.C

3. 不属于，因为没有生成新物质。

4. 参考答案: 首先，我们不需要惊慌，因为我们除了有海盐以外，还有湖盐、井盐，而且，我们国家井盐的储量非常丰富。其次，作为世界的一分子，我们应该从小事做起，比如不乱扔垃圾、做好废物回收等，好好保护我们的地球。

第四章 神奇生物

1.B 2.A 3.B 4.B 5.A 6.A 7.A

8. 参考答案 要知道，我们身边有各种各样的微生物，我们要正确对它们，既不能"一棍子打死"，也不能毫无保留地"接受"所有微生物。因为有的微生物是有益的，它们可以造福人类，我们要学会利用它们；也有对人体有害的微生物，它们会伤害我们，所以我们一定要防止它们钻空子。

第五章 地理世界

1.A 5.B

2.C 6.C

3.A 7.B

4.A 8.B

9. 参考答案: 节约用水，并不是让大家少喝水，每个人每天必须补充一定量的水分，才能有一个好的身体。如果想要做到节约用水的话，可以集中洗涤衣物，减少洗衣的次数；也可以在洗脸时，及时关上水龙头；还可以选择节水型马桶。只要我们都从身边小事做起，做到节约用水，相信地球一定能够感受到人类的诚意。所以，一定不能少喝水或者不喝水哦!

作者团队

米莱童书 ｜ 〰 米莱童书
点亮孩子的未来

米莱童书是由国内多位资深童书编辑、插画家组成的原创童书研发平台。旗下作品曾获得 2019 年度"中国好书"，2019、2020年度"桂冠童书"等荣誉；创作内容多次入选"原动力"中国原创动漫出版扶持计划。作为中国新闻出版业科技与标准重点实验室（跨领域综合方向）授牌的中国青少年科普内容研发与推广基地，米莱童书一贯致力于对传统童书进行内容与形式的升级迭代，开发一流原创童书作品，适应当代中国家庭更高的阅读与学习需求。

策　划　人： 韩茹冰
统筹编辑： 韩茹冰
原创编辑： 王晓北　李嘉琦　陶　然　张秀婷　王　佩　孙国祎
　　　　　　雷　航
装帧设计： 刘雅宁　张立佳　汪芝灵　胡梦雪　马司文